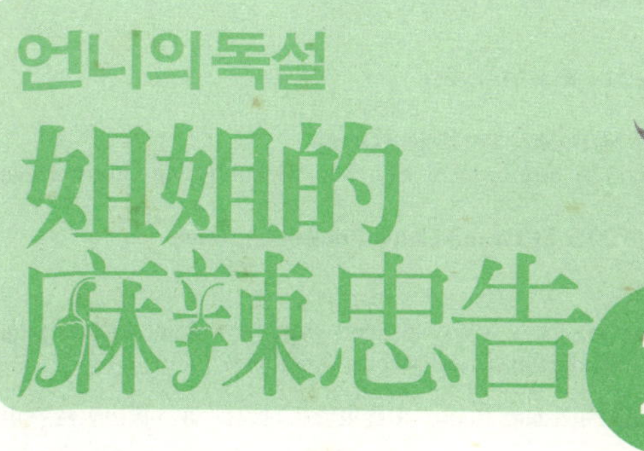

[韩] 金美敬 ◎著　　李一歆 ◎译

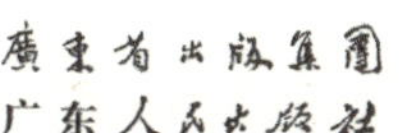

广东人民出版社

·广州·

图书在版编目（CIP）数据

姐姐的麻辣忠告.2 /（韩）金美敬著；李一歆译.— 广州：广东人民出版社，2012.9

ISBN 978-7-218-08041-3

Ⅰ.①姐… Ⅱ.①金… ②李… Ⅲ.①女性－成功心理－青年读物 Ⅳ.①B848.4-49

中国版本图书馆 CIP 数据核字 (2012) 第 177682 号

Jiejie de mala zhonggao 2
姐姐的麻辣忠告 2
[韩] 金美敬 ◎著　李一歆 ◎译

出 版 人：金炳亮

策　　划：中资海派
执行策划：黄　河　桂　林
责任编辑：肖风华　梁　茵
特约编辑：赖利芬　涂玉香
版式设计：张　英
封面设计：安宁书装

出版发行：广东人民出版社
地　　址：广州市大沙头四马路 10 号（邮政编码：510102）
电　　话：(020) 83798714（总编室）
传　　真：(020) 83780199
网　　址：http：//www. gdpph. com
印　　刷：深圳市华信图文印务有限公司
书　　号：ISBN 978-7-218-08041-3
开　　本：889mm × 1194mm　1/32
印　　张：6.5　**字　　数：**139 千字
版　　次：2012 年 9 月第 1 版　2012 年 9 月第 1 次印刷
定　　价：26.80 元

如发现印装质量问题，影响阅读，请与出版社（020-83795749）联系调换。
售书热线：(020) 83790604　83791487　**邮　购：**(020) 83781421

亲爱的中国读者：

祝大家梦想成真！

我爱你们！

金美敬

2012.1

读者评论

绿　水　32岁，外贸公司职员

《姐姐的麻辣忠告 2》是以职业女性为对象的一本书，书中给出了可以让女性过上更好生活的箴言。书写得非常好，引起了很多女性的共鸣，并教会她们发现生活的智慧。所有想让职场生活更好、婚姻和事业并行并更上一层台阶的职场女性，都应该仔细阅读这本实用指南。

胡朗梁　31岁，服装设计师

不结婚也 OK，结婚也 OK，《姐姐的麻辣忠告 2》给我们一种怎样做都可以的感觉，让妹妹们无论处于怎样的境况都能实现自我价值。我在“姐姐的麻辣忠告”中渐渐发现了自我。

周　妍　28岁，教师

《姐姐的麻辣忠告 2》一针见血地把成功和幸福所需要的信息和秘诀都告诉了我们。作者通过亲身经历并辅以幽默风趣的方式，指出职场女性可能面对的问题，并给出了非常诚恳和精辟的建议。我想推荐给对婚姻和育儿有困惑的女性朋友们。

真　伊　33岁，银行职员

读完这本书,给我印象最深的就是“最好的投资就是你自己”这句话。不断对自己进行投资，比如在一年之中不间断地上英语补习班就是对自己的投资。时光飞逝，从今天起，不断地自我投资，10 年、20 年后你会发现成长为绩优股的自己。

otrjung　26岁，在读研究生

读了《姐姐的麻辣忠告 2》，书中有我向往的生活方式，也有我不喜欢的生活方式，更多的是我没有经历过的生活，但这本书就是对未来生活挫折最好的预防书。如何利用不断流逝的时间进行自我投资？我现在要仔细思考，并且要开始行动起来啦。

和书一起　29岁，美食家

《姐姐的麻辣忠告 2》时而站在我这边，与我产生共鸣；时而变得非常严厉，让我反省；听了金美敬老师的演讲，我逐渐找到了解决困扰的方法。

为了明智地应对看起来困窘的 30 岁，请一定要读这本书。

lovelydl　34岁，两个孩子的妈妈

看《姐姐的麻辣忠告 2》就好像金老师在我耳边给我忠告，就像一位姐姐在“恨铁不成钢”地谆谆教诲，感觉非常亲切。

我结了婚也没有离开职场，但常常感到苦恼和彷徨失措，谢谢金老师减少了我的苦恼。

罗拉善　35岁，家庭妇女

《姐姐的麻辣忠告2》对职场人士而言，可谓良师益友。这本书给了职场女性诚恳的忠告，可以说是人生指导书。作者已经结婚24年了，事业成功，家庭美满，她真让人敬佩，仔细聆听她的话应该会收获不少吧。读着读着，我渐渐被金美敬的魅力所倾倒，作者很棒。

喔喔智敏　27岁，化妆品推销员

我想把《姐姐的忠告2》送给结婚不久的妹妹。这本书教我们真诚地面对自己的人生，努力靠近自己的梦想。看来，这次我真的要奋斗了。

自测题 언니의

你会干得好还是嫁得好?

女人干得好不如嫁得好。干得好要靠自己，收获也是属于自己的。而嫁得好，就不一定了。如果把幸福寄托在别人身上，那么这个人既能给你幸福，也有可能把你的幸福拿走。不管你需要的是什么，先看看你究竟是干得好还是嫁得好吧。

1. 和恋人已约好时间吃饭，但老板要你工作，你怎么做?

   先工作——去第10题

   推掉工作——去第2题

2. 工作起来，你不顾形象吗?

   是的——去第11题

   不是——去第3题

3. 你认为女人外表美胜过一切吗?

   是的——去第12题

   不是——去第4题

4. 你愿意为了穿比基尼而10个月不吃肉吗？

是的——去第13题

不是——去第5题

5. 你不喜欢暴露自己的美貌吗？

是的——去第14题

不是——去第6题

6. 你不计较得失吗？

是的——去第15题

不是——去第7题

7. 你喜欢看香港警匪片吗？

是的——去第16题

不是——去第8题

8. 你喜欢膨化食品吗？

是的——去第17题

不是——去第9题

9. 你不喜欢口味过重的食物吗？

是的——去第18题

不是——去第10题

10. 你对自己的要求很严格吗？

是的——去第19题

不是——去第11题

11. 工作的时间，你最讨厌被人打断吗？

是的——去第20题

不是——去第12题

12. 给你一副吃不胖的身材和聪明绝顶的头脑，你要哪个？

吃不胖的身材——去第21题

聪明头脑——去第13题

13. 用3个星期的节食换一柜子名牌衣服，你愿意吗？

愿意——去第22题

不愿意——去第14题

14. 选泳衣时，你会根据心情选择比基尼还是连身衣？

是的——去第23题

不是——去第15题

15. 你认为成功不一定要出人头地吗？

是的——去第24题

不是——去第16题

16. 你几乎不吃动物内脏吗？

是的——去第25题

不是——去第17题

17. 你曾经想要做素食主义者，但没成功是吗？

是的——去第26题

不是——去第18题

18. 你不喜欢卤面，而喜欢汤面吗？

是的——去第27题

不是——去第19题

19. 你很少会抱怨太辛苦吗？

是的——A

不是——去第20题

20. 工作的时候，你总是把头发束起来吗？

是的——B

不是——去第21题

21. 你喜欢穿高跟鞋吗？

是的——C

不是——去第22题

22. 只要每天做面膜，你就可以保持婴儿般的皮肤直到35岁，可是每次面膜需要花一小时，你愿意吗？

愿意——D

不愿意——去第23题

23. 你不内向，但也不多话吗？

是的——E

不是——去第24题

24. 你认为明星不一定幸福吗？

是的——F

不是——去第25题

25. 你认为身材好可以为自己的工作带来福利吗？

是的——A

不是——B

26. 你不会在爱情里陷得太深吗？

是的——C

不是——D

27. 你能清楚说出自己的优点，并能适时利用它们吗？

是的——E

不是——F

A. 既能嫁得好也能干得好。

你是个精明的女人，也是完美主义者。这么说可能有点夸张，但你确实接近完美了。你知道美丽的外表能给你的事业带来帮助，所以你不会吝惜时间来锻炼身体和做面膜，你知道用什么态度去面对男人，知道怎样获得自己需要的爱情，所以你的人生很成功。

B. 你干得好可未必嫁得好。

在事业方面，你的能力是一等一的。不管做任何事，你都有自己的思路，而且头脑能时刻保持清醒。你的实干精神特别了不起，你是不怕吃苦的女人。你的缺点偏偏也正是这一点，作为一个工作狂，你花太多时间工作了，没有考虑到自己的爱情问题，所以，未必能嫁得很好。

C. 你能够嫁得好。

你真的不是那种独立性很强的女人，可以说，养活自己都成问题。你根本就没有头脑去创造属于自己的事业，也没有吃苦的能耐。所以你天生就适合被男人呵护照顾和宠爱。当然，你也知道如何吸引你想要的男人的目光。要想嫁得好，根本就不用思考，你稍微努点力就能成功。

D. 你嫁得不好也干得不好。

你懒得做太多事，不想努力工作，对事业没有热忱，不愿意加班辛苦，不想做什么了不起的人物，不是女强人的角色。不过，在外表和修养方面，你也没心情去完善或提升，你才不会为了做面膜放弃自己喜欢的电视节目呢。这样的你怎么能嫁到好男人，怎么能做好事业？只能说，你对待自己人生的态度太随意了，太不负责了。

E. 能否嫁得好，能否干得好，全看你自己了。

你是那种能呼风唤雨的女人，想要什么就一定能得到，你头脑聪明，面对自己想做的事，总有一套独特的思维，总有办法达到目标。但你并不太清楚自己到底想要什么样的生活，是嫁个好男人，做宠物女人，还是成就自己的事业，做女强人，你还正在考虑中。不过，请你早点作决定，如果磨蹭太久，黄花菜都凉啦。

F. 嫁得好不好，干得好不好，你反正无所谓。

你对待自己人生的态度完全是随意的。你只希望自己过得舒服，至于嫁给什么样的人，过什么样的生活，和什么样的人在一起，都无所谓，只要自己开心就行了。你从不强求自己，也没有什么是你非要达成的目标，你知道强迫自己会过得很辛苦。

别把婚姻当跳板——

嫁得好只是幸福的一半。

不只是恋爱时对你好，

结婚30年仍愿意为你端一杯水的男人才是好男人。

目　录

家庭篇

增值篇

序　言

언니의 독설

婚礼和婚姻，千万别弄混！

游戏现在开始。什么是失败？事情没做好挨上司批，和顾客争吵压力大等都不算失败。“嫁错郎”才是真正的失败，遇人不淑会让你付出一生的代价。所以，和什么样的男人结婚，一定要再三思考。职业女性更是要慎重决定，因为结婚的同时就要面临家庭里各种复杂的问题。**结婚就好似一场战争，闯进战场前，一定要做好万无一失的准备。**

我在结婚之前就明白自己想要的是什么，家庭主妇？绝对不可能。贤内助？更不可能。我人生的目标是实现“金美敬”这三个字的价值，即使在结婚面前，也没有讨价还价的余地。

我对结婚对象的要求很明确，首先是要支持我，和我一起并肩作战；其次，让我在46岁时仍然做我自己。如果自欺欺人，委曲求全地结婚，46岁时，真正的我肯定早已无处可寻。盲目地结婚，你的生活也许会充满热闹，孤独也不会和你为伴，也许还有锦衣美食，但这都掩盖不了内心的茫然和失落。

宁在蜗居笑，不在豪宅哭

从古至今有很多人，在别人身后亦步亦趋也没有一丝怨言。但是，要求一个希望在事业上有所成就的人也这样，那是行不通的，他们会觉得人生的幸福难以实现。即使住在200平方米的房子里又怎样？每天躲在7平方米的豪华卫生间里偷偷哭泣，倒不如住在42平方米的地下室欢歌。

我一个朋友结婚后在蚕室（韩国首尔的高档住宅区。——编者注）买了一套300平方米的房子。起初我非常羡慕，可后来去看她，发现她只不过是房子的“住户”，婆婆才是一把手。本来兴高采烈地去参观她家，结果被她婆婆堵在门外，原来她每天也不过是被“囚禁”在10平方米的房间里。

“金窝银窝，不如我们42平方米的小窝啊。下次还是请你到我们家来玩吧！”

我们的房子虽小，但我是家里的一把手，谁的眼色也不用看。你是愿意在42平方米的小地方做自己，还是在300平方米的地方委曲求全？当然“做自己”才是正确答案。只是你要为自己的选择付出代价而已。代价？乍一听很恐怖，其实并没什么。代价不是要你一下子跨过10级台阶高的障碍物，而是要你一点一点地付出。30岁有30岁要经历的贫穷和苦痛，而不是要你30岁时经历40岁的苦痛。

想想你是怎么做的？不愿意承受30岁的苦痛，却想提前过上45岁安逸的生活，随之而来的代价还是得由你承担。面对失去自我的生活，也不得不忍气吞声。想要提前15年享受幸福，你就得忍受15年的痛苦。认清了人生的成长过程后，你是想靠自己的力量成长，还是要继续“享受”别人的恩赐呢？

现在有不少女孩子，已经二三十岁了，可脑子里想的还是6岁时读过的《灰姑娘》的故事，并且沉浸在童话书里不能自拔。对结婚也抱着幻想：“如果我结婚时能穿那种精致纯洁的婚纱就好了，最好是Vera Wang的”。为什么会产生这种想法？最主要的原因就是没有分清婚姻和婚礼的区别。

昂贵的婚纱、精致的妆容、奢华的婚车，这一切不过是过眼云烟。华服，一生仅穿一次；婚车，也只是租用一天而已；老公？也许就结婚那天的状态最满意，之后就穿着睡衣在家里晃来晃去；婆婆？结婚那天拉着你的手亲切又和蔼地介绍“这是我们家新媳妇”，蜜月旅行回来就开始指派你做家务。幻想的破灭，从婚后第二天就开始了。

婚礼和真实情况的差距越大，婚姻就越容易破碎。婚礼越梦幻，梦就醒得越快。以自己的能力举办属于自己的婚礼，才是最好的婚礼。你肩上能承受多重的担子？量力而行吧。

我朋友的妹妹嫁进了门不当户不对的豪门人家。婚礼盛大，在旁人眼中是何等风光。但现在看来，她是最不幸的。身着昂贵的洋装，但都是按照婆婆的审美标准买的。婆婆去喜欢的明洞服装店，她也必须陪着。

她现在已经42岁了，但从吃穿到看电视节目，什么事情都做不了主。婆婆一出门就不知所措，连给儿子吃什么都不知道。她只是家里的媳妇，从来都不是家人。这就好像大公司的新职员刚入职，感觉自己好像一辈子都是新人。

简陋的婚礼，富足的婚姻

有的女孩却不是这样。像我们公司的崔总监，结婚前就是一个有主见有思想的人，对自己的婚姻也非常理智。她找到一个和自己并肩同行的男人，用自己的钱举办婚礼，然后以一致的步伐向前走。

新婚蜜月回来后，还是像以前一样生活。她从没有幻想过做“灰姑娘”，而是按照实际情况，坚定、踏实地走好每一步。不管去哪里，人生发生什么变化，都坦坦荡荡地接受。

新婚蜜月回来后，崔总监来给我送喜糖：“应该请您来的，但是婚礼简陋，实在不好意思。”

听了她的解释我明白了，她是在大学的免费讲堂举办的婚礼。有人结婚时为了在亲朋好友面前有面子，即使难以承担酒店的费用，也咬紧牙关在酒店举办婚礼。但这种事不可能发生在崔总监身上，他们用自己的双手，细心认真地准备了婚礼。

结婚后他们就开始努力一起创造富足美好的生活。现在她已是朋友中的“富婆”了。

他们没有任何不切实际的幻想，所以成了真正的有钱人，他们用双手创造了成功，对彼此也更加信任和爱护。

几年过去了，周围的人都对崔总监说“你的婚礼是我参加过的最棒的”。

因为那场婚礼深深地融入了两人的梦想和自豪。现实是培养乐趣的土壤，幻想破灭就是悲伤。与现实做买卖，会从现实中脱颖而出；与幻想做交易，只会跌倒在幻想里。千万别把婚姻和婚礼弄混了。

婚礼，人生的第二次战争。各位准备好了吗？请抓住我的手，相信我，跟着我前进吧！

爱情篇
Love

是时候割舍灰姑娘情结了

“高富帅”谁不爱，可有几个平民女嫁给了“富二代”？豪门，其实并非真的是“好门”。

如果把婚姻当做交易，卖多少钱都是赔本。

要自己选择幸福，而不是让幸福选择你。

家境贫寒的女子和富家子弟的相遇，只会出现在电视剧里，因为这在真实的人生中是不可能发生的。现在的电视剧内容大同小异，原因在于：女人的幻想，小时候读《灰姑娘》时就开始的幻想。

我从来都没有给我的女儿们讲过《灰姑娘》的故事，因为担心她们陷进故事情节里。如果那样的话就麻烦了，真怕她脱了鞋子等那个永远都不会来的男人。不久前，我的小女儿读了《灰姑娘》，然后就这本书中的问题和我讨论了1个小时。我6岁的女儿是这样说的：

“王子住在高高的城堡里，应该和公主结婚才对，怎么会常常出来呢？”

电视剧里经常出现富家公子巡视商场，然后和贫穷女子邂逅并帮助她的场景，但这只会出现在电视剧里。不过在现实中，大多数女人通常从4岁就开始读《灰姑娘》，所以也常常期待并坚信自己的人生也会发生美丽的邂逅。

美貌的交易是不会长久的

电视剧情节通常都是换汤不换药的。一般有4个主角，一名女主角既美貌又善良，只是家境窘迫，独自一人在外租房。另一名女主角就是有钱人家的娇小姐。

某一天富家公子偶遇贫穷女子，并了解到她在自家商场工作。公子英俊多金，但性格比较怪，因为他的身份是不能说的秘密。为了治疗自己受伤的心灵，在与贫穷女子相识的过程中，男人不知不觉爱上这个明朗善良的女子。与此同时，有钱人家的娇小姐也爱上了这个男人。

这时又有一位男主角登场了。善良美丽的女人永远受到男人的青睐。这个硬朗的男人骑的是摩托车，他也爱上了贫穷女子。贫穷女子对到底该接受谁纠结不已，但最后还是走向了有钱男人。这种故事变换的只是背景、人物，不变的是故事情节。女孩子们看着电视剧，往往会心想："也许有一天也会发生在我身上呢！"于是一有空就在商场里闲逛，苦苦等待那样的男人出现。

爱是恒久忍耐，又有恩慈。爱是不嫉妒。爱是不自夸，不张狂，不做害羞的事。

看了电视剧后我研究了一下，发现贫穷女子拒绝富家公子的方式大多大同小异，并且越是拒绝，越让富家公子沉陷其中而不能自拔。

"啊，看来应该这样拒绝男人，他才会上钩。"

先找一个普通男人试试吧。结果呢？没有一个人上钩。但电视剧里面不是这样的啊。比如玄彬讨厌吉罗琳（玄彬和吉罗琳是2010年韩国超强人气电视剧《秘密花园》的主角。——编者注），可最后还是爱上了她。怎么一到我身上就不一样了呢？

梦想破灭了。只因为你没有吉罗琳的美貌，更何况世界上最丑陋的交易就是出卖美貌的交易。女人的美吸引男人的时间通常不超过 3 年。即使第一眼再怎么惊艳，过了 3 年后他也不会特别留意了，因为这种美只是一种“静态的美”，是一种“没有生气的美”。

即使是韩国小姐，如果与她相处 3 年后，也不会特别关注她漂不漂亮、个子高不高了。和“静态美”相比，“动态美”更有魅力。什么是“动态美”？“动态美”就是人的思想。男人年轻时对外貌的关注度比较高，但到了 40 岁就会对努力工作的女人更青睐。所以，这样的女人永远都可以骄傲地说：“我？虽然长相一般，但我有自己的事业。”

你也许外貌一般，但只要你积极生活、努力工作，别人就能感受到你的热情和魅力。要知道，出卖美貌的交易不可靠，而且时间很短。

电视剧中，吉罗琳和玄彬走到一起时节目就结束了，但真实的一生要经过多少煎熬，多少苦痛？

那些成天哭喊着“你怎么可以忽略我的存在”的夫妻，争吵哭闹之后大概就会以离婚收场吧。但人生不是到三十几岁就结束了。人生很长，所以请看远一点。

女人想嫁有钱的男人，男人却想娶挣钱的女人

我曾经给很多“富二代”上过交际艺术的课程。这些孩子从小就过着贵族般的生活：上课接受老师一对一的辅导，运动样样精通，休闲娱乐是去俱乐部骑马。总之，其生活方式和我们普通

人的生活有天壤之别。另外，在身体保养和衣着装扮方面，他们也颇为专业，可以和艺人媲美。

而且，他们从中学起就在国外读书，出国对他们来说只是小菜一碟。他们只会在自己的圈子里寻找另一半，不会像电视剧里的场景，经常去商场巡视；即使去了，如果遇见吉罗琳这样的女子，也不会瞥一眼。他们有自己生活的圈子，而且不会轻易走出这个圈子。

假设你在商场遇见“富二代”的几率是一千万分之一，即使你和他结婚了，巨大的差距所造成的负担也会让你什么都做不了。为了减小差距，你会耗费大部分时间和精力，然后人生就这样不了了之了。

现实点，找一个普通工薪族男人吧。我曾遇见过一个男人，年薪 20 万（书中所有金额均已换算为人民币。韩国工资水平和消费水平均比较高，20 万年薪属于“普通工薪族”。——译者注），但他还是强调要找一个职业女性结婚。因为他的工资纳税后，一个月还不到 13000 元。而他夏天要去潜水，冬天要去滑雪，这些爱好每个月就要花费 5500 元；此外还要买衣服，朋友见面喝点小酒，偶尔还要给父母零花钱，每个月的工资基本上所剩无几。年薪 20 万，自己才勉强够花，怎么可能养活另外一个人呢？

所以，他一定要找一个职业女性，两人合力赚钱才够花。女人生日，男人可以给她买一枚戒指；男人生日，女人也可以给他买一块手表。

对他而言，理想的妻子年薪至少要和他一样，甚至更高。妻子如果发展自己的事业，他也会全力支持。

“妻子不工作，整天在家等着我，这种情景想想就让我喘不过气来。”

男人上了一天班很疲劳，只想看看电视就睡觉；但如果妻子也是刚下班回来就好啦，晚饭可以一起喝一杯，聊聊今天的工作。周末也可以开车去郊游，休假时还可以去国外尽兴地玩一趟。

这就是男人的浪漫。男人想着和女人一起挣钱，女人则想着嫁入豪门。

结婚，真的能让麻雀变凤凰吗？

现在的男人越来越没有男子汉气概了。在我出生的年代，男孩可是被当做一家之主来培养的：

“脊梁骨都不硬，如何挑起养活一家的重担？”

但现在是这种情况：

“小子，你这样学习怎么可能成功啊？”

以前男人为了养活妻儿而努力，但现在这种思想已经消失了。现在 20 多岁就承担养家糊口重任的男人几乎没有了，大多数都是自己先享受了再说。

不是说现在的男人要靠女人养，而是他们想找一个和他一起挣钱、一起享受的女人。哪个男人想一个月只有几百块零花钱，一年到头穿一件袖口磨损的衬衣，省下钱来养家的？对四五十岁的男人而言，只要有妻子孩子热炕头就可以了，但 20 多岁的男人一点都不期待下班后的那一口热饭。

男人早已变了，而对钱敏感的男人变得更快。但女人的观念还停留在60年代：只要结婚，男人就会养我，并带我走进宽敞明亮的大房子。但这只是女人的错觉罢了。我在延世大学音乐学院上大三时，认识一个女孩子，她和一个有钱男人订婚了。那时大家都非常羡慕她，因为订婚后她就开着男人送的跑车到学校，车上还装着滑雪设备，打算去龙平（韩国最著名的滑雪胜地。——编者注）度假。在过去，只有明星和“富二代”才去得起龙平。我给“富二代”上课后才知道，到了冬天他们基本上都是在龙平度过的。所以说，有钱男人只会找门当户对的女子，像我这样的“村姑”，他们理都不会理。

10年后，在35岁时，我去了龙平。虽然晚了10年，可比起用父母的钱去滑雪，我觉得用自己挣的钱，玩得更开心。说起来，人生没有在35岁时结束，还真是一大幸事呢。

10年的时间可谓是斗转星移，年轻时花父母的钱吃香喝辣的人，现在反倒陷入了窘境；年轻时在东大门（首尔最著名的市场之一。——编者注）摆摊的人，现在已成了有钱人。

真的是人生如戏啊。“努力、热情、正直的人会成功”这条法则数千年来从未变过，我努力，我人生的成绩单就可以拿到100分；有人在我仅有10分的人生成绩单上加一个零这种事，是绝对不会发生的。没有天上掉馅饼的事。因此，在我看来，《秘密花园》是最差的电视剧，因为严重违反了公平交易的客观规律。我的女儿看了《秘密花园》后不禁大笑：

“真是可笑，玄彬是绝对不会来的。”

她已经准备用战斗的姿态来面对人生了。

姐姐有话说

王子住在高高的城堡里，应该和公主结婚才对，怎么会常常出来呢？

和“静态美”相比，“动态美”更有魅力。什么是“动态美”？“动态美”就是人的思想。

假设你在商场遇见“富二代”的几率是一千万分之一，即使你和他结婚了，巨大的差距所造成的心理负担也会让你什么都做不了。为了减小差距，你会耗费大部分的时间和精力，然后人生就这样不了了之了。

男人想着和女人一起挣钱，女人则想着嫁入豪门。

我努力，我人生的成绩单就可以拿到 100 分；有人在我仅有 10 分的人生成绩单上加一个零这种事，是绝对不会发生的。没有天上掉馅饼的事。

恋爱的重心是你，不是他

结婚前，女人谈几个男朋友才合适？“异地恋”中，放弃工作前往对方城市的，为什么往往是女孩子？

男人坚持自己而赢得女人；女人抛弃自己而赢得男人。坚守自己的位置，自立自主，这样的女人才最有魅力。

在结婚前多谈几次恋爱并不是坏事，不是有句话叫“多多益善”嘛。只有在恋爱的时候，男女之间才能强烈地意识到彼此的差异，各自的特质才能体现出来。因此女人多谈几次恋爱，才能明白自己到底是一个什么样的女人。只是一味埋头努力工作是行不通的。

在我看来，对恋爱充满热情才会对工作充满热情。如果对男人都没兴趣，那做事的兴趣也令人怀疑。而且，这样的女人也不会散发出魅力。

畅销书的作者之所以能写出畅销书，不就因为他们也过着小说一样的人生，邂逅小说一样的爱情吗？很多知名小说家和哲学家这样说：

“给你婚姻就是给你爱情。”

没有爱情，心中就没有欢乐，春天永不会来，花儿永不会开。鸟儿的歌唱听不到，秋天稻子成熟的芳香嗅不到。心中满是黑暗的人，世界也会一片黑暗。

恋爱时女人内心总是充满了愉悦。俗话说“恋爱中的女人最美丽”，为了给对方展示最美的一面，女人每天会认真修饰自己的妆容外表，即使以前没有做过饭，也会精心地为对方洗手做汤。所以说，女人每恋爱一次即重获一次新生。最重要的是，每换一个交往对象，都可以看到一个全新的自己。这是不是很有趣的人生？所以努力恋爱吧，千万别放弃。

但有一个问题：女人一谈恋爱就会进行“位置变更”。特别是30岁的女人，总好像当前的男人就是最后一个男人似的。我们公司有一个单身4年的女孩子，可以算是真正的“干物女”（指放弃恋爱，认为很多事情都很麻烦，习惯于凑合着过的女性。——译者注）。但一开始并不是这样的，她也曾经试图寻找人生的另一半，但一直没有找到。

“看来我不是男人喜欢的类型。”

“我太强势了，男人都不敢接近我。”

最后，只好一边自嘲自讽，一边暗自下定决心：

“男人，我不需要。我只要努力工作。”

守护爱，更要坚守自己的位置

有一天，这个女孩子终于恋爱了。为了男朋友，她调整自己的日程安排，变得越来越忙。以前，女孩子经常这样说：

“今天我要熬夜加班。”

“周末又没有约会，到时来加班吧。”

但现在，一到周末，女孩连个影子都看不到了，而且从周五就开始变得忙碌起来。渐渐地，她脸上充满了光彩，每天都神采飞扬。以前开会时，她总坐在角落皱眉，而现在话也多起来了。

但恋爱并不总是阳光灿烂。女人一旦恋爱就会患上躁郁症，时喜时忧，反反复复。

不久前，这个女孩子在公司加班。晚上8点时，她的脸色变得很难看。到了11点时，她焦躁地把手机攥在手里。第二天早上一看，哭得脸都肿起来了。

我不是神仙，但一看就知道女孩从昨天晚上8点到今天早上肯定发生了什么。还能有什么事？很明显，男朋友放她鸽子了。

原本，每天晚上8点她都会接到男朋友的电话，但昨天男朋友既没打电话，也没回短信。8点前还沉浸在爱河里，8点后却变得越来越纠结。我在旁边看着，终于忍不住说了一句：

“你啊，爱情就这么浅薄吗？相爱的话，即使一个月不通电话，也仍会相信对方不是吗？这样患得患失，你的爱能维持多久？”

“不是……不是这样的。”

女孩的悲哀源于她选择了“异地恋”。她在首尔，男人的工作和家都在光州，只好来回奔波。因为身心疲惫，她产生了这种念头：“这个男人是最后一个。”

36岁了，如果连这个光州男人也失去的话，那就真的结束了。女孩的爱情在这一瞬变得卑微：

“如果失去这个男人，不会再有第二个了。”

女孩这么想，并为了男人竭尽全力调整自己的时间配合他，完全失去了自己的重心。

类似这样的情况，有人曾这么说过：

“男人坚持自己而赢得女人；女人抛弃自己而赢得男人。”

我非常赞成恋爱，但一定要把自己放在中心位置，让男人站在你的旁边。也许男人在你的身边停留一时就走了，但你永远都要坚守在自己的位置上。然而，现实中，有很多女孩子为了男人而转变自己的位置，转移生活的重心。

谈了几个月恋爱后，女孩决定去光州找男朋友：

“如果结婚了还做周末夫妻，太累了。”

那男朋友就不能来首尔找你吗？比起光州，首尔就业机会也更多一些。

“男人换工作对职场规划很不利。”

那你换工作就容易吗？我真的为她感到遗憾。后来她那个男朋友变得越来越可恶，但他没有错，因为他守住了自己的位置，而这个女孩子追随了他。

女孩子一谈恋爱就转换了自己的位置，这是女孩子自身的问题。这样的女孩子在哪个公司能干得长久？所以，恋爱中的女人什么都可以做，但千万别丢了自己的位置。

“不要丢了自己的位置，按照你自己的情况选择合适的男人，世上的男人何其多呀？”

“但是……”

已经被爱情蒙蔽了双眼，我的话当然听不进去。

想想男人其实比女人更现实，也更尊重自己的位置，因为他的位置就是生活的根基。但女人不一样，她们不觉得自己的位置即工作是生活的根基，所以轻易就改变自己的位置。这真是让人悲哀。

和他一起安排“恋爱日程表”

职业女性谈恋爱，有一些特定的“规律”。一般从星期一到星期五忍着不见面，想念对方时，就发发短信，送去100颗爱心，睡前打打电话。周五晚上与男朋友见面，一起度过周末，聊聊天，背地里说说上司坏话，或是聊聊本周的业绩：

“就为一点点小事吵得不可开交，而我一句话就让顾客没话说了。”

“亲爱的，你太棒了。做得好！”

等到交往三四个月了，就一起去旅行，痛痛快快玩一场，星期一又回来努力工作。慢慢地，女人开始对男人的日程安排指指点点，并且觉得这样就是在培养一份感情。有时女人甚至会变本加厉，检查男朋友的钱包，追查他的行踪：

一个女人，若有能力取悦自己，就会让自己活得光鲜、活得快乐、人见人爱。

“又在哪里刷了信用卡？”

“那个聚会不去也可以，为什么一定要去呢？”

“亲爱的，你现在哪里啊，做什么呢？”

但是，这样的事最好不要做。谈恋爱就要光明正大地谈。试试从星期一到星期五专心工作。认真做事，就好像忘了男朋友一般。你坚定地站在自己的位置上，到了星期五，男朋友就会猜测；“难道她把我忘了吗？”然后忍不住来见你。

一见面才知道你不是没想他，而是太爱他了。因此他会认为你很有个性，并且会思考怎样才能让你不再动摇，完完全全属于他。这就叫做职业女性的“欲擒故纵”。对男人来说，能一起做事、一起分享的女人更有魅力。

不过，学会“欲擒故纵”之前，不少女孩也曾累倒过。

“想我了吗？我马上就来，我在你公司门口等你。”

于是，这女孩就在男人公司楼下一等就是2个小时。我觉得这种女孩太可怜了。

男人也不会喜欢这类女孩子。想都没想，就在自己公司楼下等2个小时，这样的女孩子谁喜欢？

还有的女孩子，英语辅导课是在星期三，但由于男朋友规定只能在星期三见面，她就干脆放弃了英语学习。

其实，星期三女孩有事不能见面，男人可以抽出其他时间过来啊。所以，即使恋爱了，自我提升也不应该停止。爱情不是被逼着去见谁，爱情是朝着自己想去的方向前进。

“即使静静地待在原地不动，如果你爱我，请朝我走过来。”

不要为了男人调整自己的日程，转换自己的位置。为爱伤心费神，不如坚定自己的立场。

男人不是世界的中心，你才是！

姐姐有话说

没有爱情，心中就没有欢乐，春天永不会来，花儿永不会开。鸟儿的歌唱听不到，秋天稻子成熟的芳香嗅不到。心中满是黑暗的人，世界也会一片黑暗。

男人坚持自己赢得女人；女人抛弃自己赢得男人。切记什么都可以做，但千万别丢了自己的位置。

给男朋友安排日程这种事情，最好不要做，能一起做事一起分享的女人更有魅力。

不要为了男人调整自己的日程，转换自己的位置，为爱伤心费神，不如坚定自己的立场。

爱上“可怜”的有妇之夫，会让你更可怜

“小三”如今似乎成为潮流，但依然是别人婚姻的“插曲”。爱也许无关对错，可谁来为蹉跎的花样年华负责？

女人似乎总是太容易陷入自编自导的爱情幻想里，心软被感动。找明媚的人，谈明媚的恋爱吧！

爱神丘比特的箭并不总是射在正确的靶上。女孩子在工作场所很难找到男朋友，因为周围的男人大多是已婚男上司。而且，现在的“大雁爸爸”（指为了让孩子接受更好的教育而把孩子和妻子送到国外，孩子读书，妈妈陪读，自己一个人在国内生活赚钱的爸爸。——译者注）非常多，有些女孩子在与这样的男上司相处的过程中，会渐渐生出一种怜悯之情。另一方面，保养得当的男士过了40岁，看不出年纪，也不像是有妇之夫。女孩子们和这样的男人工作、相处、接触的时间久了，即使没有产生爱情，也会产生一些别样的情愫，比如对他的帮助产生感激、一起做一个项目时心有灵犀等。这些感情不断积累，当看到男人疲惫的神情时，就生出一种怜悯之情，以至发展成爱情。

恋爱要在阳光下谈

我曾经去过一个公司作预防职场性骚扰的讲座，当时这个公司的性骚扰问题很严重，大部分事件发生在已婚上司和未婚女下属之间。但经过调查后发现，其中一个女孩子和男上司的关系不是性骚扰，而是婚外恋。这让公司负责人非常为难，因为这件事反倒不如性骚扰好处理。于是，他问我：

“公司应该介入到哪种程度？”

“这不是性骚扰，彼此情投意合，属于私人问题。这不是公司该介入的范畴，应该由他们自己处理。”

我不知道两人的后续情况如何，但我为那个女孩子可惜。

爱情一定要在明媚的阳光下进行。在开阔的公园里，光明正大地和单身男人谈恋爱才是真正的恋爱。反之，在黑暗的地方，偷偷摸摸地和已婚男人约会，感受到的也是消极的信息和气氛。比如每次出去都怕被别人看到，像做贼一样小心翼翼，约会还要躲在别人看不见的地方。难道你大好的青春年华，一定要这样度过吗？

都市女郎就要谈有质感的恋爱，做喜欢做的事情，过有品位的生活。

30 岁的职场女性很容易陷入这种爱情，就好像 20 岁的女孩子容易陷入不成熟的爱情一样。30 岁的女性事业有了一定的基础，钱也存了一些。看见身心疲惫的男人会觉得他是小孩子而心生怜悯，爱情倒变得可有可无了。于是，就这么陷进去了。

20 岁的女孩子觉得世上最可怜的人就是自己。因为年轻，所以要找一个懂得照顾自己的人。但 30 岁的女人，谈过几次恋爱，有了一些经历，对男人已有了一定的了解和认识。可就是这种最不该陷入婚外恋的人陷进去了。

已婚男的谎言：“我跟妻子分居了”

曾经有个女孩子，流着泪跟我讲了她亲身经历的事情。

我公司有一个45岁的男上司，总是笑眯眯的，待人很和蔼。因为我们住的地方比较近，有时会一起打的回去。在车上聊天时，他提到他现在正处于“感情分居期”，和妻子分房睡，衬衫也是自己熨烫。听完他的故事，我恨不得立即去给他熨衣服。现在想来，这种情感已超越了同事之间的关心，成为一种母爱了。

不久后，男上司载我回去，我问他：

“最近还好吗？”

“好什么啊，生活不就那样。夫妻并不是因为爱才住在一起，5年前我们就分开睡了。”

虽然相差了13岁，但那一瞬间，我却觉得他像个孩子一样可怜，想给他安慰。后来有一天，他喝醉了，醉得不省人事时，他又说了一些令人怜悯的事。看着他晃晃悠悠的样子，我终于忍不住抓着他的手，扶着他的肩，走上了一条不该走的路。

让我告诉你，所有45岁男人的险恶用心。很多45岁的男人，在心里都认为和妻子分居5年了。但也有这样的好男人：

“现在仍然像热恋时一样恩爱，不管去哪里都必须两人一同前往。世上只有妻子做的饭最好吃。”

这样的男人有，但非常少。大部分男人提到妻子时，都只是说妻子在家里待着。喝了点酒之后，就跟女下属说“跟妻子处于分居状态”。事实上，他们昨天还一起睡。

但女下属听到这样的话，就觉得这个男人太可怜了，然后就陷入了婚外恋。约会的次数多了，渐渐地，女下属有了一种错觉，认为自己是男上司的女人，而男人也会再三肯定这种错觉：

“我只有你一个女人。”

话虽这样说，但他为了你，和妻子离婚、放弃家庭的可能性有多大？在我看来这只是悲剧的爱情罢了。

爱上 45 岁已婚男，你也会一下子变成 45 岁

如果把男女刚开始恋爱时的状态设定为零，那么，经过一段时间的磨合后，就会上升至第一阶段、第二阶段、第三阶段……某天，突然发现自己已经爬到第三阶段了，而他还在第二阶段。于是，自己用一个星期的时间使一点小策略，把他也拉到第三阶段，然后一步一步地走向第十阶段。这样的爱情不会突然从一百跌到零，因为这是健康的爱情。

但是恋上 45 岁已婚男人的女孩子，刚开始的状态是零，突然一下子就爬到了第十阶段。因为所处状况特殊，所以中间的过程通通省略。在黑暗的地方谈恋爱，对方的一点肯定和安慰都非常温暖和刺激，这时即便有一百个阶段，也会一瞬间“登顶”。

周五晚上见面，开开心心地约会，然后分开。接着就是周末，但不能给他打电话，因为他和妻子儿女一起，男人也不会打电话过来。这时女人会一下子从一百坠落到零。这样反反复复，女人早晚会被逼疯。

这种爱情对你来说是毒药，因为最终你什么也得不到。浇灌美丽的爱情，结出丰硕的果实，这样的爱情才是你该要的。找一

个人与你一起播撒爱的种子，结出丰硕的果实，一起分享，这样的爱情即使重复20次都不觉过瘾，为何一定要选择黑暗中的爱情呢？

单身青年男女约会相爱，这样的爱情才会有喜悦和幸福。当然，和45岁男人恋爱也会感到快乐，但他昨天还高高兴兴地和你一起游玩，今天接到妻子的电话时却立即把你晾在一边，声音还甜得像蜜：

“哦，我知道了。岳母大人来了啊，我今晚会早点回家的。”

你在旁边屏住呼吸，内心涌起一阵背叛感，只想问男人：

“为什么这样对我？当时为什么对我那么好？”

曾经美好的记忆在这一瞬间都支离破碎，你感觉到的只有强烈的背叛感。而这种感觉不过源于他与妻子的一次通话而已。

一定要选择这种爱情吗？你还那么年轻。你要选择的是能促进彼此成长的爱情，是能把今天约会累积的力量用到明天工作的爱情，这种爱情将会让你的30岁大放异彩。如果与45岁有妇之夫维持阴暗的爱情达两年之久，你知道会发生什么吗？你也会一下子变成45岁。

女人如何对待他人，实际是在塑造自己，女人是一种态度，对自己、对他人、对世界的态度。

虽说爱情总带点悲剧因素，但我敢肯定，和45岁的有妇之夫的爱情是100%的悲剧。怎么办？只要别把自己当圣母就行了，世上可怜的男人何其多，如果都要你来安慰，那你的人生只有黑暗。

一段见不得光的爱情只会让你更阴郁；安慰一个可怜的男人，只会让你更可怜。别人都在用可怜的眼光看你，只有你像个傻瓜一样不自知。如果你已经爱上已婚男，那么请把这段感情当做一次爱的“交通事故”，你只不过是走在路上被别人撞了一下，赶快接受治疗就好了，反正也不是什么不治之症。

姐姐有话说

爱情一定要在明亮的阳光下进行。在敞亮的公园里，光明正大地和单身男人谈恋爱才是真正的恋爱。

浇灌美丽的爱情，开出美好的果实，这样的爱情才是你该要的。找一个人与你一起播撒爱的种子，结出丰硕的果实，一起分享。

单身青年男女约会相爱，这样的爱情才会有喜悦和幸福。

如果你已经爱上已婚男，那么把这段感情当做一次爱的“交通事故”，你只不过是走在路上被别人撞了一下，赶快接受治疗就好了，反正也不是什么不治之症。

要嫁就嫁“潜力股男人”

别人羡慕她好命，老公身家上亿，结婚十年依然恩爱。她说幸福是靠努力得来的，当初他无房无车无存款。

好老公不是从来就有的，一个男人之所以成为好老公，是因为有一个好老婆。

"怎么到现在还没结婚？"

女人过了 30 岁，走到哪里似乎都会听到这句话。结了婚的女人，节假日可以和丈夫孩子去旅行，没结婚的女人好像只能待在家里，三十五六岁的人了，每天还像孩子一样被妈妈念叨。回家稍微晚点，妈妈的电话就来了：

"在外面干什么呢，还不回来？"

周末想睡个懒觉都不行，大清早就被妈妈叫醒吃早饭，让她不要管，她一句话就把你给噎回去：

"那就找个人嫁了。"

朋友聚会，已婚的朋友都有老公接送，看着真让人羡慕。参加朋友的婚礼，发现只有你和另一个女孩子还单身。彼此大眼瞪小眼，越来越焦躁。朋友去蜜月旅行，回来后搬新家请客，82 平方米的房子装修得漂亮而富有情趣。

"啊，好漂亮的窗帘。在哪里做的？"

"冰箱是多大的？冷冻功能这么好，很贵吧。"

"餐桌在哪里买的？"

"连盘子都这么漂亮。"

在家里每天用的是妈妈用了 30 年的饭碗，现在在朋友的新房子里，捧着散发出新婚气息的碗吃饭，心里就会浮现一个念头：

“今年之内一定要结婚。”

但女人到了30岁，周围合适的结婚对象就比较少了，朋友们大多是已婚人士了。

你有20万，凭什么要求男人有200万？

女人过了35岁，大多事业有成，而且处世谨慎缜密。为公司守着上亿的资产，要签订千万乃至过亿的合同，能不谨慎吗？这样的女人不知不觉就变得过于小心，可她们觉得自己还像25岁时一样纯真，既有女性气质又温柔。但男人可不会那么看，只觉得这样的女人非常精明。

到了这个年龄，可以一眼看出哪个男人还不错，哪个男人不合适。但问题是，不错的男人往往都不会出现在相亲会上，来的都是那些看不上眼的人。

还有一个问题是，年龄已经不小了，可对理想对象的要求还停留在25岁：有钱，有能力，有房子，而且自己已经36岁了，男人要比自己大2岁才合适。这种想法很幼稚，各方面条件好的男人为什么要找你？他们早已被其他女人抢走了。姐弟恋？那不过是电视剧里的故事。

作为一个都市OL新女性，只要有自立优雅的心态和姿态，无论外貌多么平凡，也会显出流光溢彩的美丽。

这时你必须放弃一些条件。外貌是首先要舍弃的，第二个就是“钱”，这是最难的，但你必须这么做。特别对于年轻多金的男人，要先打一个问号，因为这样的人大部分是“富二代”。他们的钱不是钱，而是“毒”。

我工作了5年，攒下20万；男人比我大2岁，但减去军队的2年，他大概也只能存20万，而且还要非常努力，如果花钱大手大脚，负20万都有可能。靠自己的双手攒下20万的男人，肯定有一定的能力和经历，这就是男人拥有的潜力。找一个男人结婚，考虑的不是他的钱，而是他的潜力。

相亲时，你要问的不是他有多少钱，而是他怎么挣钱。这是你判断他的为人以及考虑以后能否一起生活的依据。如果35岁前就身价200万，那他的钱很可能是家里给的，或者妈妈怕他挨饿，担心“他那点工资能买房子吗”而给他准备的。这样的钱不是他挣来的，这钱里包含的仅仅是“依赖”而已。

常常有女孩子说：“我要和值得尊敬的人结婚”，这话是对的，更印证了我所说的应该和“潜力股男人”结婚的道理。

但女孩子会那么想吗？都想着做不公平交易呢。自己只有20万，为什么要求男人一定要有200万？这不过是从妈妈那里继承的思想。千万别这么做，这样只会毁了你。

结婚也要有“创业精神”？

想想看，如果找一个存款和自己差不多的男人结婚，男人攒了20万，自己攒了20万，合起来就是40万了。有40万，还有什么不能买的？40万元做首付，买一套月供便宜一点的房子就可以了。为什么不能从33平方米的低层小区住宅开始？33平方米的房子不需要买很多家具，花的钱也就少了。单纯简单地开始不是很好吗？

把40万元当做种子种下去，如果不浇灌，这种子肯定会死在土里，但如果细心培养，种子就会长大、发芽、抽枝，长成一棵大树。然后修剪枝条，慢慢地还会结出新的种子，长成小树。这样生活的两人才叫做夫妻。岁月悠长，两人的共同话题会有多少啊：有共同的过去，有共同的记忆，有一起创造的成绩。这样的夫妻不是很默契很甜蜜吗？

男女一旦结婚，通常会一起生活60年，试问60年还有什么是两个人做不到的？60年的时间，两人一起努力开5家公司都绰绰有余了。因此男人现在没钱也不要发牢骚，要看他对钱的概念和赚钱经历。

另外，由于和“潜力股男人”结婚所抱的心态是积极的，那么对于这段婚姻的责任感也会非常强烈；两个CEO凭40万元联手创业，会抱着必胜的决心努力。

然后，会有“职员”不断加入，有的家庭是1个，有的是3个。虽然培养“职员”需要大笔资金，但省着花就行了。30年过后，“职员”会开自己的分公司，要想分公司稳步发展，总公司就得基业坚实。以总公司为基础，创建新公司，这就是家庭。

结婚也要以这种“创业精神”开始。而富二代呢？

“儿子，我给你200万，不用还利息。”

用这种钱创业成功的人你见过几个？每个月不用还利息，没有负担，自然选择事业不慎重，责任感不强烈。创业精神的本质是“谦虚的饥饿精神”，具有这种精神的人才能种下一颗饱满周正的种子，种子好才能生出好秧苗，好秧苗才能长成一棵参天大树。

从天上掉下来一大笔钱，他们不会思考去尝试做点什么，十有八九坐吃山空，之后就不知所措了。

靠自己的双手挣钱的人知道了挣钱的方法，今年挣了50000元，明年就知道怎么挣100000元，钱促使他不断学习和进步。当然，在此过程中可能会赚钱，也有可能赔钱。但既然已知道赚钱的方法了，以后就会赚一样多甚至更多的钱。而那些没有尝试过自己挣钱的人把钱挥霍光了，只会找爸妈伸手。如果不给他，可能就活不下去了。看看周围，只是躺在父母的财富上就成功的人有吗？一个都没有。

相信自己，你就是一道亮丽的风景，没有必要在别人的风景里仰望。

结婚看重的不是男人的钱，而是男人的创业精神。只要有创业精神就能抓住机会白手起家。找一个有创业精神的人，一起走过人生的60年，这才是婚姻。

“我要找一个有钱男人结婚。”

一开始就有这种想法的女人无论如何也成功不了。一开始就有不公平交易的思想，怎么可能成功呢？

抱着公平交易的决心和积极的创业精神，你们的婚姻生活肯定会蒸蒸日上。因此，不管你对婚姻抱有多大的幻想，还是理智点，找一个有创业精神的男人结婚。有钱男人是不会看上你的，醒醒吧，那只是电视剧里的场景。

我从小自尊心就很强，所以从没想过向父母伸手。我在汉堡店打工，去辅导班当老师挣零用钱。现实告诉我，只要肯干，不管怎样都能挣到钱。后来遇到了和我一样有创业精神的男人，结婚后最开始住在月租房，后来搬到全租房（即求租方将一定数额的押金交给房主并签订租房合同，租约满期后全部退还押金的租房方式。——译者注），再到后来买了自己的房子，还有了一个店铺。我现在可以骄傲地向我的儿女讲述我的奋斗史。

在选择结婚对象时，我很果断地舍弃了“有钱”这个条件。如果和有钱男人约会，我反而会持怀疑态度：

“你是怎么挣到那么多钱的？”

如果是从父母那里来的钱，他就不会爱惜，因为只有知道挣钱辛苦的人才不会随意挥霍。

所以，结婚时可以放弃“有钱”这个条件，而是看男人的创业精神。有健康积极创业精神的夫妻的感情绝对不会垮掉，同时，正确的金钱观也可以支撑整个家庭。没有精神支撑的家庭，有再多钱也可能倒下，而且钱越多，可能倒塌得越快。

姐姐说的话一定要记好了。**有理智的金钱观、有创业精神的男人才是你的结婚对象。**你已经35岁了，你必须为自己的婚姻负责。

如果为了钱嫁入豪门，你依然是灰姑娘

知道有些女人为什么要结婚吗？因为厌倦了工作。一个月才挣几千块，这样过一辈子想想都郁闷。看着那些嫁入豪门的女孩子，就非常羡慕，于是自己也想找个有钱人嫁了。

事情有那么容易吗？找一个有钱男人并非易事，就算如愿结婚了，你会拥有一个怎样的人生呢？

“嫁到我们家，你就是我的亲生闺女。”

婆婆也许会这么说，但可能很快就翻脸：

“看看你做的菜，像什么样子？衬衫熨好了怎么能这么放？”

“一天到晚到底在家里干些什么啊？”

刚开始可能会一忍再忍，总有一天会忍不住反抗了：

“我嫁到你们家是做保姆的吗？”

听听老公会怎么回答：

“那你就去外面工作啊！”

听到这话两个人肯定会吵起来。男人觉得自己在外面辛辛苦苦挣钱，而女人整天待在家里，对她提点要求算什么，而女人绝对不会这么想。

夫妻之间的关系应该是伙伴关系，支持彼此的梦想，推动彼此进步,才能建立一个健康的家庭。所以就算是为了拥有一个“健康的家庭”，你也要找一个“潜力股男人”结婚。

但是,当今很多女孩子却觉得最差劲的婚姻就是嫁给一个“潜力股男人”。外貌普通，学历一般，婆婆刁钻倒可以忍，但没有钱是万万不可以接受的。当初,她就是抱着“用别人的钱养活自己”的想法步入婚姻的，最后也必定会为此付出应有的代价。

世上没有免费的午餐，就连父母和子女之间都没有，何况是公公婆婆。婆婆给你们的钱不是给媳妇的，是给儿子的，媳妇找儿子要钱花，他们肯定心疼。于是每天早上打电话过来：

“饭做好了吗？送到公司了吗？”

"上次看到儿子穿的衣服完全不像话。"

儿子无论是胖了还是瘦了，好像都是媳妇的责任。待在家里做人家媳妇能不委屈吗？自己有工作有收入多好啊。你也许会说你没能力挣钱，但我相信你有。

最佳配对：职场女+"潜力股男人"

我认为职场女性和"潜力股男人"是绝配。首先，不用从婆婆那里拿一分钱。婆婆没有钱给你，也不会从你身上期待获得什么，所以会以一种平等的态度对待你，而不会提一堆要求。你没有花婆婆的钱，婆婆也不会整天监视你，看着你和她儿子努力奋斗，只会鼓励你们。

其次，儿媳有工作有收入，婆婆会支持你。我婆婆就从来都没有给我施加过压力：

"你们是自由相爱、结婚的，今后就好好过吧。"

因此我能过一种健康的婚姻生活。父母们不能给予帮助，你唯有更努力工作。

"既然选择了一个没钱的男人，那我就要挣更多钱来减轻他的经济压力。两人一起努力生活总会变好的。"

我毕业后就开始上班，一直努力工作，后来开了自己的钢琴辅导班，婆婆还在开业时还送来年糕（韩国人在新张开业时赠送年糕，寄托"美好纯洁的开端"之意。——译者注）祝贺。辅导班新增几名学生时，婆婆比我还开心，她很认可我的成长并不断鼓励我，即使在我不忙的时候也从来没有麻烦过我。

我有一个朋友嫁入豪门，结婚时婆家送了百万彩礼。现在她每个周末都必须回婆家吃饭，负责洗碗、打扫卫生，然后还要问婆婆是否有其他事情要做。婆婆只会理直气壮地提要求，儿媳的成长、事业，从来都不过问一句。

“我给了你那么多钱，你只要做好我儿子的贤内助就可以了，还工作什么呀？”她的婆婆从来都认为儿媳的人生是无关紧要的。

相反，那些没有给钱的婆婆会鼓励、支持儿媳，甚至给予掌声。我认为比起给钱的婆婆，给予掌声的婆婆更好。为什么？我相信凭我的能力完全可以挣到几百万，难道到45岁了还挣不到吗？只会挣得更多。而婆婆的掌声意味着尊重和认可，这是钱买不来的。

把自己变成“绩优股”的动力

工作很累，挣钱毕竟不是一件容易的事。但工作10年、20年，总有一天你会成功，并成为有钱人的。这就是和“潜力股男人”结婚的第三个理由。如果和有钱男人结婚，你就会想着还有后路可退，对于成功的愿望没有那么迫切，能干出一番事业的可能性也比较小。

我有很多朋友都嫁入了豪门。但在同学会上，她们说的都是婆婆的坏话。按理说，对一个动辄就给你5万、10万的“善良”婆婆，还有什么不满意的？念大学时，有一个女同学抱着必嫁入豪门的决心，后来也如愿以偿了，可婆婆每天要求她做家务，认为既然嫁进了婆家，就应该做这些分内事。朋友觉得自己就像一个佣人，为此心里非常恼火。她就像是活在封建时期的女人，每天受婆婆压迫，不禁发出和她妈妈一样的感慨：“老公也得有自己的钱啊！”

为什么这么说呢？因为以前她妈妈做儿媳时也经历了这个过程，每天被婆婆命令做家务，还被挑三拣四，因此对婆婆多有怨言。

“妈妈，你看着吧。等她老了，你看我给不给她饭吃。”

结果呢，婆婆一生病，还是得像佣人一样，鞍前马后地服侍，每天熬好了粥送到医院，唯恐照顾不周。平时，只有从婆婆手里拿到钱时最高兴了，但那个钱成了她不幸的根源。我的婆婆也许有一天也会生病住院，需要我照顾，但我们从来都没有埋怨过彼此，我们就像战友一样，为什么？因为她是我人生中最好的伙伴。

现在，我比这个朋友有钱。比起婆婆给的钱，我自己挣钱更快。但你也不要太着急，想一口吃成胖子。5 年之内可能成为有钱人吗？显然不可能，至少要 20 年。想在 5 年内成为有钱人，有两种办法，打劫银行或炒房，你认为哪个更容易实现呢？

我没有退路，家里也没钱，如果我不工作就更难了。我 23 岁刚开始工作时，也没什么职业意识，只想着多挣钱。我有很多朋友结婚后觉得工作太累，就辞职在家。我也想辞职，可老公发话了：

“你想好了吗？你每个月挣多少钱，如果没有你的收入，只是我一个人挣钱的话，就要省着花了。”

本来我们就已经够节约的了，所以比起上班，抠着花钱更累。

工作中，我也曾感到压力大，也曾和上司吵翻，和同事打架。如果我的老公是个有钱人，我大概会说“我有我老公，有退路！”

然后把老板炒了,直接回家。但因为我不得不挣钱,所以一忍再忍,最后钱也赚了,还成为一个素质不错的职场人。现在,就算老公叫我辞职我都不会辞了,工作是多么有趣啊,而且一切都已步入正轨。

婆婆对我很满意,孩子为我感到骄傲,老公也感受到我的自信和独立。如果我接受了婆婆给的钱,那我可能一辈子都不知道自己有多大潜能。现在常常有人问我:

“我该怎么做才能成功?”

我会直截了当地告诉她:

“和‘潜力股男人’结婚。”

活着活着你就会明白,贫穷是最宝贵的财产。

姐姐有话说

找一个男人结婚，考虑的不是他的钱，而是他的潜力。

结婚看重的不是男人的钱，而是男人的创业精神。只要有创业精神就能抓住机会白手起家。找一个有创业精神的人，一起走过人生的60年，这才是婚姻。

夫妻之间的关系应该是伙伴关系，支持彼此的梦想，推动彼此进步，才能成为一个健康的家庭。

婆婆给你们的钱不是给媳妇的，是给儿子的，媳妇找儿子要钱花，他们肯定心疼。

“高富帅”不是咱的菜

恋爱时是公主，结婚后是保姆。

有的女人会抱怨自己命不好，其实是因为她们选男人时，被男人的钱蒙蔽了双眼。

结婚30年仍愿意为你端一杯水的男人才是温暖而善良的好男人。

选男人就像选股票。涨停板不能买，因为太贵了。买股票不是看它现在的价值，而是看上市公司的未来价值。公司的CEO是否是一位好的领导者，有没有成长的可能？CEO的健康也很重要，史蒂夫·乔布斯的健康一亮红灯，苹果的股价立刻暴跌。

有成长潜力的公司现在的股价可能是270元，但10年、20年后就有可能涨到2700元、27000元。20世纪70年代，三星半导体的股票表现一般，但现在已经非同小可了。要买就该买这种股票。

投资股票时要警惕“伪蓝筹股”。男人中也有一些“伪蓝筹股”，他们有车，有房产，全身都是名牌。但车是哥哥的，房产是舅舅的，自己连一份工作都没有，有很多女人结婚后才发现自己被骗了。

30多岁的女人，经常被称为“剩女”，但有不少女人爱奢侈，爱虚荣，眼界比天还高：

“我要的男人必须是这样的。”

然后被“伪蓝筹股”给骗了，因为眼睛已经被虚荣和奢侈蒙蔽了。

投资股票第二要避免的就是短期投资。有很多股票号称一年之内翻一番，于是人们都蜂拥抢购。但投资股票不能只看短期利益。股神巴菲特不是曾说过嘛，长期投资才是世上最高明的投资法。

比如你看好一个公司的未来价值，然后每个月拿出工资的10% 投资这只股票，把它当做你的孩子一样照顾了 30 年，即使刚开始毫不起眼，30 年后它会给你惊喜的收益。相反，如果持有 1 年就抛掉，那么这只股票可能也会把你抛弃。因此要投资股票就做长期投资吧。

事实上 30 岁和男人结婚，一起活到 90 岁，两人要一起度过 60 年，即使长期投资也很少会持有这么久吧。所以，**不要看男人现在的价值，30 岁时价值很高的男人也有可能是“伪蓝筹股”，要看就看男人的未来价值，也就是“潜力”。**

低价买入“潜力股”男人

什么是男人的“潜力”？怎么了解这种“潜力”？

首先，学历不需要太高。因为名牌大学毕业不一定就能成功。我曾经给优秀的企业家上过演讲艺术课程，每次约有 50 名 CEO 参加，但让人惊讶的是 90% 的 CEO 并不是从首尔大学或延世大学毕业的。通过了解后我才知道，很多名牌大学的毕业生都没有做上 CEO。

聪明女人为梦而活，但是不要活在梦中。现实一点，你的命运就会跟着好一点。

学习好的人还没毕业，可能前面的路就已经被指定了。名牌大学的毕业生，不是进入三星，就是去新闻媒体。前 20 年还难说，但 50 岁后，大学同学聚会，学习好的可能就会发现自己的事业处于同学中的下游。那么多同学是 CEO，而且讽刺的是，他们很多都是大学时期学习不好的人。学习成绩在中下游的人，毕业之后会有很多选择。学习好的人选择的是 100 条路中的一条，而学习不好的会选择剩下的 99 条路。

他们没能进大企业，就进中小企业，然后学习核心技术，接着干脆自己创业。不断积累，不断努力，现在都成了有钱人。也有人没上大学，高中毕业后在皮鞋厂上班，之后自己开公司，成了百万富翁、千万富翁。生活让他们吃尽了苦头，现在有钱了，也愿意拿出自己的一部分财产帮助那些需要的人。对于人生他们又有了更深一层的思考。

幸福不是遥不可及的梦幻，而是你此时此刻的感怀；幸福不是别人眼里的奢华，而是你发自内心的享受。

而从名牌大学毕业进入大公司的人，可能只是当了部门经理。部门经理和用自己挣的钱帮助别人的人相比，谁更可敬？谁是更有未来价值的人？显然，从长远来看，在小皮鞋公司工作的人比大企业上班的人更具有未来价值。

学历高并不意味着未来价值高。高中时学习好的人，可能考入首尔大学学习机械工程专业。以后的道路就一目了然了，毕业之后进入研究所。但这样的男人五六十岁时就得退下来了。

从来参加演讲课程的 CEO 来看，他们 30 岁左右时只是一些小公司的老板，但现在都成了年销售额上千万的大公司的董事长。在他们身边总有一个一直坚信他们的未来价值，并为此不断投资的女人。公司没有会计，她来做；没有人做饭，她也来做，始终怀着“创业精神”与丈夫一起努力。他们的婚姻也可以算是创业，因为妻子把老公从一个只值 270 元的男人培养成了价值 2700 元、

27000 元甚至更多的董事长。这样的女人非常可敬。

看男人的“潜力”，第二点是不要过于注重外貌。有这么一句玩笑话：

“长得丑可以原谅，但五短身材是绝对不能原谅的。”

但结了婚，生了孩子就会发现，一切都可以原谅。让你发自内心地觉得老公可爱的，是他的行动和语言，而不是因为他的腿长。如果老公做事不像话，即使腿再长，你也不想多看一眼。

“做出这种事情，还想吃饭？”看着不长进的老公，恨不能吐出这么一句话。因为他做的事实在不靠谱，只想叫他“绣花枕头”。

但如果老公做事妥当，即使长得再难看，你也不想和他分开。结婚与恋爱不同，不是要带他去参加聚会，给自己长脸，让自己出风头。老公是和你血肉相连同甘共苦的人，是要和你共度 60 年的人。

在你面对困难时，愿意和你一起渡过难关的人，愿意和你一起开垦田地共同收获果实的人，像农夫一样勤劳的男人，才是你要找的那个人。

相反，你在辛劳工作，他却戴着太阳镜开着跑车到处游手好闲，这种男人不是你要找的。但有些女人偏偏就喜欢找那些游手好闲的男人。姐姐告诉你，这绝对不可以。要找一个和你一起开垦土地的农夫。所以，不要太在意男人的外貌。

第三点就是经济实力。“经济实力”不是说现在这个男人所拥有的钱。前文中提过，30 岁就有钱是不合常理的。那些钱不是来自父母就是来自他人。男人的经济实力是他挣钱的能力，是他无论走到哪里都能过得很好的生命力。

分析男人有没有“经济实力”，一定要事先仔细观察。如果男人独自居住的话，就一定要看看他的物业账单。他是不是经常到断水断电了才想起缴费？如果是的话问题就比较严重了。刚好在缴纳截止日期前缴费的男人，省差旅费给孩子们买玩具的男人，为妻儿的高兴而高兴的男人，才是合格的丈夫和爸爸。

我的老公不是一个性感的男人，他只是一个普通的丈夫和爸爸。性感，拿出去好看，但在家里，没必要。而且性感的男人，大多会到外面找女人以“确认”自身魅力。

第四，看性格。按时缴纳物业费，性格又好，才是最好的男人。近来女人好像都喜欢“坏男人”，但是“坏男人”只会一直坏下去。为什么？因为坏男人总是听到别人称赞他很帅，所以想一直这样被称赞。

夫妻是在同一片土地上开垦的人，双方都应该善良和诚实。性感、坏对女人和家庭一点好处都没有。性感的男人能将卫生间也清洁得性感吗？脱袜子也性感吗？不是的。温暖而善良的男人才是最好的。

给自己思考的时间、祈祷的时间、微笑的时间。那是产生力量的源泉，那是最大的力量，那是灵魂的音乐。

妻子和丈夫一起躺在床上看电视，两个人都有点犯困，想睡觉了。这时妻子有点口渴，对丈夫撒娇，让他起来端杯水喝。结果得到一句“你自己去”。这样的男人有魅力吗？不管你多累，多辛苦，都不愿站起来为你做一点事。所以说，不只是恋爱时对你好，结婚 30 年仍愿意为你端一杯水的男人才是善良的男人，才是好男人。

这样的男人不仅会对你好，对你的爸爸妈妈也会好。记住一点：坏男人结婚前后有天壤之别。被坏男人的魅力和性感吸引，并与之结婚的女人，迟早会后悔。

好婆婆让你的婚姻增值

看男人的“潜力”，还要了解未来的婆婆。婆婆是否愿意帮你照看孩子，这对职场女性来说非常重要。假如有两个符合以上各项条件的男人，其中一位的妈妈愿意帮忙照看小孩，另一位不会，那么选择愿意照看小孩的这位婆婆吧，虽说爱是最基本的条件。

假设婆婆帮忙照看孩子直到初中三年级，不考虑薪水增长率，婆婆一年的薪水是 4 万元，那么 16 年就是 64 万元，这样的婆婆可以称得上是身价 64 万的人才。比起结婚时就有 20 万的男人，能帮忙照看小孩的婆婆更有价值。

许多女人在结婚生孩子后仍然需要工作，如果请保姆，每个月要花好几千元，你一个月辛辛苦苦挣的钱差不多都到阿姨口袋里了，那还不如把钱给婆婆。比起自己独自给孩子喂奶粉、穿衣服、洗澡，有婆婆帮忙就好比有了左膀右臂。

也许你现在不能体会，但有孩子以后你就会知道 10 个优秀的老公都不如 1 个帮忙照看孩子的婆婆，所以一结婚就赶快为这件事而拜托婆婆吧。一起住？当然要忍。和婆婆一起住不仅对你好，对孩子也好。她会为孩子细心冲调奶粉，她会是对孩子最好的人。

有一个可以帮你照料孩子的婆婆，是很幸运的事。不然，迫不得已的时候只好找人来照顾了。我的孩子曾经因为黄疸住院，逼得我差点辞掉工作，那时谁都无法替代的人就是婆婆。

如果有一个结婚对象兼具前 4 个条件，并且还有一位可以帮忙照看孩子的婆婆，那么他就是一位有前途的“中小企业 CEO”。30 年之后你会发现，嫁给他是你一生最正确的选择。

听姐姐的话，没错的。

姐姐有话说

选男人就像选股票。涨停板不能买，因为太贵了。买股票不是看它现在的价值，而是看上市公司的未来价值。

如何选“男人股”：第一要警惕“伪蓝筹股男人”；第二要避免短期投资。

在你面对困难时，愿意和你一起渡过难关的人，愿意和你一起开垦田地共同收获果实的人，像农夫一样勤劳的男人，才是你要找的那个人。

男人的经济实力是他挣钱的能力，是他无论走到哪里都能过得很好的生命力。

不只是恋爱时对你好，结婚30年仍愿意为你端一杯水的男人才是善良的男人，才是好男人。

男人来自火星，女人来自金星

为什么他的短信总是冷冰冰的只言片语，他到底喜不喜欢我？

你会因为一些小矛盾赌气、闹情绪吗？

你明明在生气说反话，他为什么没察觉出来？

恋爱时，如何读懂他的心？

近年来，大龄女青年常常被称为“Gold Miss”，这个词听起来很光鲜，但实际情况却没有表面亮丽。单身生活有多好？可能没那么美好，但也不想有长期恋人。因为脾气不好，有可能把男朋友甩了，当然也有可能被甩。女人结婚前，有时可能单身，有时会有情侣，戒指在手上也可戴可摘。

但大部分时候，你戴着戒指会神采飞扬，取下后可能就无精打采了。可不管怎样都要开心坦然，单身时能潇洒地面对生活，谈恋爱也能迅速调整状态，享受恋情。但恋爱时，你的心情会受恋人的影响，如何交流沟通就很重要了。

恋爱时交流沟通，最需要掌握的是什么？男人的思维和表达方式。了解男人的思维和表达方式非常重要。一般说来，恋爱能使人变得聪明。因为在和男人交往的过程中，女人会热情投入，并细心了解男人的心思，从而慢慢变得成熟。但在现实中，有很多女人不会恋爱，谈恋爱的次数越多，心理年龄反而越来越小。

因此，为了更好地谈恋爱，一定要了解男人的心思，听懂男人的话。恋爱时，女人最恼怒的就是和男人说话好像“牛头不对马嘴”。大部分时候，我们通过语言交流、表达爱意，但和男人心意相通的感觉似乎只有恋爱初期才能感受得到。那时他们积极主动，费尽心思地追求你，也愿意和你多说话。可到恋爱中期，男人的话就减少了一半。恋爱后期呢？大家可能都有这样的感受：整天沉默寡言，就像爸爸一样。结婚后呢？可能最多就三句话：

“来了？孩子呢？开饭！”

撒娇短信，只换来他 1 个“OK”

前不久，我们公司有一个女员工和一个会计师谈恋爱了。她 32 岁，长相甜美，但一直单身，也曾经相过几次亲，可都没有下文。我们公司大部分是女员工，所以如果谁有了男朋友，她就会成为全公司的焦点，大家都纷纷出谋划策：

“你这样恋爱是不行的。”

“男人最喜欢女人撒娇啦。”

“你老是这副表情，恋情最终要毁你手里。”

因为她平时不怎么说话，有什么事也只是笑呵呵的，所以大家对这个女孩子的恋情就更关注了。很难想象她会在男人面前撒娇，但后来我们发现错了。她和男朋友讲电话时，面带微笑，说话轻柔，完全是撒娇的神态。其他女同事虽然“羡慕嫉妒恨”，但也会自我安慰“这多亏我们教得好”。

但有一天，这个女孩子早上打电话时还笑容满面的，突然就变得脸色阴沉,。于是大家聚到一起，想安慰、开解她。可大家问她发生了什么事,她却什么都不说。下班时才解释,男朋友发的短信让她很生气。

几位“恋爱专家”立马登场。恋爱时，我们身边总有一两位像主治医生一样的“恋爱专家”。“当局者迷，旁观者清”，有时，这些朋友看问题会比较客观，比如“这个男人到底是什么意思？”“这个男人对我是真心的吗？”虽然不一定正确，但可以作为参考。

这个女孩的情况是这样的：

下雨天她有点伤感，很想见男朋友，于是给他发短信：

“亲爱的，今天下雨了，我们一起吃晚餐，然后看电影。好吗？”

完全是充满撒娇口吻的短信，可女孩过了30分钟才收到回复，本来心里就有点别扭了，可更让她生气的是，男朋友回复的短信内容：

“ok。”

就一个单词两个字母，看到短信的一瞬间，女孩又气又怒，于是回复男朋友：

“很忙吗？就算是，你也不能用两个字打发我吧。”

正所谓“话由心生”，心里有怨气，嘴里也吐不出美丽的语言。结果她又发了一条短信：

“忙的话就不去了。”

这，就是女人，她发的短信总是有点莫名其妙，说的话也似乎难以捉摸。但男人知道吗？不知道。如果知道的话，就不会这么回复了：

“Why？”

看到这条短信，女孩更是气不打一处来：

"突然有急事，下次再去吧。"

这时，男人应该察觉到了吧？还是没有，所以他又回复：

"这样啊……那你工作吧……晚饭好好吃……"

这怎不让人生气呢？于是，女同事们召开了一个紧急会议。女孩的男朋友估计老打喷嚏，因为这么多人在背后说他。大家都一副义愤填膺的表情，恨不得马上把他抓来揍一顿，解解恨。

开会得出的结论是：这个女孩子的男朋友是爱她的，没有变心。但他是男人，一个不了解女人的男人。如果他了解女人，对"下雨了，一起看一场电影好吗"这样的短信，就不会简简单单地回复一个"OK"，而是回复："好啊。下雨天，我也想看到你。晚上我们去吃好吃的。"

猜猜男人听到这种回答时是什么表情吗？一脸惊诧：

"真的吗？女人真是奇怪。'OK'就表示愿意一起去啊！"

更有甚者，连个"OK"都没有，就简简单单一个"嗯"，难怪他们找不到女朋友。现在我来告诉男同胞们如何给女朋友发短信。

回复的短信字数必须和女朋友发给你的差不多，让我们来试试"转达法"。把女朋友发的短信稍作修改，改几个词就行了，一点也不难，比如这句：

"亲爱的，今天下雨了，我们一起吃晚餐，然后看电影。好吗？"

稍作修改就变成：

"亲爱的，好的！是啊，下雨天，一起吃晚餐，然后看电影……

我正想这么做呢。爱你……”增加一个“爱你”作为额外的奖励，这就是技巧。

男人了解“转达法”后，脑子里也许还是一片混乱。因为这对女人来说是本能，而男人却需要学习。所以，女人了解了男人的思维和表达方式后，就不会因此错过好男人了。

男人想的和你不一样

我们公司这个女孩子后来怎么样了呢？她不断学习和了解男人，现在就算只收到男朋友的“嗯”也会微笑，因为她已经了解了男人的思维和表达方式，也明白爱情的重量和深度与短信的字数没有关系。

男人本来就不是感性生物，让他们用感性的语言来表达难度很大。他有多爱你、多想见你、多依依不舍，都很少用语言表达。但如果有男人极力迎合女人的这种心理，并整天发感性的短信，估计你也会受不了，而且很有可能是个“卡萨诺瓦”（极富传奇色彩的意大利冒险家、作家、追寻女色的风流才子，是18世纪享誉欧洲的大情圣。——译者注）。

如果只因为他不会像你一样自如地表达感情，只因为你想他时他没有想你，就把好男人一脚踹开；或者因为一点小矛盾而闹情绪，就对彼此的感情产生动摇和怀疑，这是十几岁孩子的做法。**30岁的女性，应该以结婚为前提，成熟地谈恋爱。**如果出现问题，可以和身边的朋友聊聊，但千万别说赌气话，也不要因为一些鸡毛蒜皮的事而唠叨。你已经30岁了，要成熟地处理感情问题。

发短信时，如果男朋友回复“嗯”，你可以回复“行”。你发的短信很短，男朋友回复的短信就会渐渐变长。谈恋爱的关键在于了解男人的思维和表达方式，以便在发生矛盾时冷静地处理。

30 岁女性的朋友聚会上，恋爱的会说：

“恋爱还不如单身轻松！我都快疯了。”

而单身的又说：

“一个人好孤独，我都快疯了。”

她们都不了解男人的思维和表达方式，所以交往时挣扎，单身后难过。在让人纠结的爱恋和孤单的单身之间来来回回，年龄渐渐增长，在恋爱中的表现却一点也不成熟。男人会喜欢这类女人吗？如果是你，你会爱上这样的女人吗？

所以，年龄增长不要紧，但要在爱情中成熟起来。

“OK？”

女人的身体语言，男人永远搞不懂

女人，从小就会用动作说话。如果厌恶某事，比起“讨厌”二字，她们更习惯用面部表情来表达。女孩子撒娇会经常说出来吗？不会，大部分时候通过动作来表达。比如小女孩想要爸爸抱时，就会往爸爸怀里钻。如果被责备了，就会一边撒娇叫“爸爸”，一边在爸爸身边蹭。

女人如果有了男朋友，最想做的是什么？就是做小女孩。如果收到男人这样的短信“宝贝，昨晚睡得好吗？”女人一般都会非常开心。虽然已经成年了，但谈恋爱时还是想被当做小女孩一样对待。熟知这点并会灵活运用的男人会深得女人心。如果男人带着责备的语气说：“怎么还像小女孩一样啊！”女人心里可能就会犹豫：这个男人可能不是我的“菜”。

男人也想想看，你的男性气概什么时候感觉最强烈？女人做一些小女孩的小动作时，会让男人有当爸爸的错觉。于是男人就会高高举起拳头，像宣誓一般下决心：“我会一辈子照顾这个女人”。电视剧《巴黎恋人》里朴信阳的一句“宝贝，走吧”，让多少女人为之倾倒。

女人不仅小时候喜欢用身体语言，长大了也一样。如果几名女中学生一起并排走，有一个女学生却落下五六步走在后面，这是表示她生气了。然后大家都会哄这个女孩子：

“你怎么啦？一起去吃饭吧。”

这时女学生觉得自己被关注照顾了，可能气也就消了。女人喜欢用身体语言说话，表达意思，不管年龄大小。

又比如一群女孩子去逛街，大家都买了很多东西，可其中一个女孩子什么都没买，别的女孩子可能就会问她：“你为什么不买？发生什么事了？”因为女人之间的熟悉能使她们读懂彼此身体语言。

男人呢？他们内心的想法基本不会通过动作表露出来。因为男人与女人的表达习惯完全不同，他们也不会为了得到别人的关注而做一些动作。比如我们会看到这样的场景：

“儿子，来，妈妈抱抱。”

“不要。”然后儿子不好意思地跑了。

男人几乎不用身体语言说话，都是直接用语言来表达的。

"你为什么不买？"

"哦，今天没钱，也没打算买。"

"是吗？我知道了。"

有时，不妨直接告诉他你的想法

女人结了婚，会改变用身体语言交流的习惯吗？不会。吃饭时老婆没唠叨，可洗碗时却"哐当"一声把碗重重地放下。这时男人就应该明白了她的意思了：

"天天回来那么晚，也不提前说一声。说的话我就晚点准备晚饭了，可今天早点下班又不提前说，一回来就喊开饭。我已经忍了 5 天了，难道还要我笑脸相迎吗？"

但女人这些心里话男人都听不到。女人不说出来，他永远都不会明白。心里憋屈，女人决定去睡觉。

但男人一点眼色都不会看，就像没事一样：

"等等，我看看报纸，再一起睡。"

女人心里怒火中烧：还想一起睡？可嘴上却说：

"算了，我累了，先睡了。"

说完 "哐"的一声把门关上了。

可男人还是不明白，因为他们和女人不是来自同一个星球的。女人们逛街时，彼此之间用身体和眼神就可以传达意思。3 个女人一起逛街甚至可以不说话，直接用眼神交流。一个女人挤挤眼，大家就一起从商场走出去：

“那个卖衣服的导购，怎么那样啊？”

“你心情也被搞坏了吧？”

“真是搞笑。”

女人之间可以用眼神交流，但如果和男人眼神交流就有麻烦了，因为他们无法理解。所以，夫妻吵架，大多数都是因为男人不能理解女人的身体语言产生的。男人常对女人说“你有话就直说”。如果女人经常用身体语言说话，会让男人产生压力。

“有话你就直接说出来，为什么总是用动作表达？”

男人对此也很不满，因为女人的动作让他们变成了不识趣的男人。但女人还是很难改掉用身体语言说话的习惯，我结婚后也如此，虽然知道男人不懂身体语言，但还是本能地使用它。

我的不高兴会在睡觉时表现出来，比如故意翻来覆去，睡着睡着把枕头推开，然后滚到床的边缘，装作要掉下去的样子。如果老公还没有反应，就把一条腿“咚”的一声搁在地上。老公虽然听见了，但他一点都不知道我在生气，还说“睡在边上小心掉下去呀。”

闹了半天等来这句话，让我更生气。女人心情好的话一般不会背对着男人睡。但男人不知道这一点，第二天起床还像没事人一样叫女人给他做早餐。

这种动作表演持续了一周又一周，女人不说，男人也不知道女人在生闷气。结果夫妻之间出现了隔阂。女人宁愿整天看电视剧，也不愿意和男人聊一聊。

有一天男人终于察觉到妻子好像有点不对劲，心里纳闷，但也只是对她的行为有疑问：

“老婆最近有点奇怪，为什么对我总是冷冰冰的？”

可男人还是读不懂女人的身体语言，女人可能就更生气，然后是无穷无尽的争吵。这就是问题的关键。所以，女人就别再用身体语言表达了，直接告诉男人你为什么生气：

“你连续5天都很晚才回家，我以为你今天也会很晚回家，所以没有准备饭菜。可你早点回来也不提前告诉我，一回来就喊开饭，搞得我措手不及。我又不是煮饭婆，给孩子们做了吃了，你回来了又再做饭，你知道我有多累吗？下次如果提前回来吃饭，记得先给我打个电话。”

心平气和地向老公说清楚，不要发火，男人知道原因后一般会道歉：

“老婆！对不起。下次我会提前给你打电话的。”

以后再发生类似的情况时，你们就不会生气吵架了。不过，女人要先自我改变。看到这里，你肯定要抗议了，为什么要女人先作出改变，而不是男人？答案是要改善关系，两个人中肯定要有一人先行动。你先了解了男人的心理，自己先作出改变不是很好吗？

夫妻是连体生物，谁先给对方喂一颗蜜糖，自己的身体也是甜蜜的；如果给对方喂一颗毒药，自己的身体也会中毒。夫妻之间免不了有吵得咬牙切齿的时候，但不是非得争个你输我赢，因为夫妻不是较量，而是想出法子更好地交流沟通，更幸福地一起走下去。有话别憋在心里，直接告诉男人吧。否则，每天猜来猜去费神又伤感情，两个人都很累。

姐姐有话说

男人内心的想法基本不会通过动作表露出来。

男人与女人的表达习惯完全不同，他们也不会为了得到别人的关注做一些动作。

夫妻吵架，大多数都是因为男人不能理解女人的身体语言产生的。男人常对女人说“你有话就直说”。如果女人经常用身体语言说话，会让男人产生压力。

要改善关系，两人中肯定要有一人先行动。你先了解了男人的心理，自己先作出改变不是很好吗?

夫妻是连体生物。谁先给对方喂一颗蜜糖，自己的身体也是甜蜜的；如果给对方喂一颗毒药，自己的身体也会中毒。

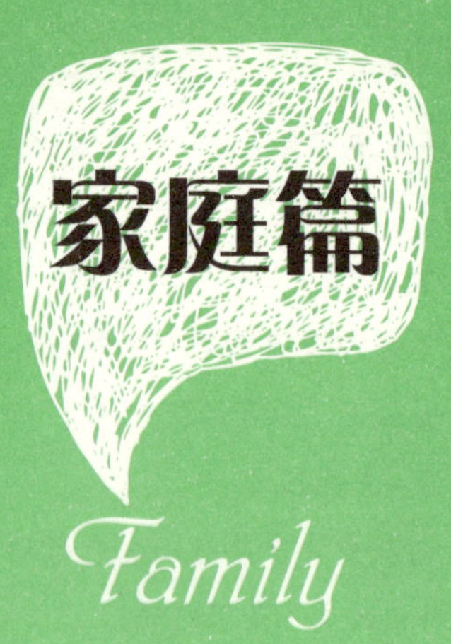

家庭篇

Family

SAM

在外大女人，在家小女人

为什么女强人大多婚姻不幸福？家庭和事业难道永远画不上等号吗？

是做个贤妻良母，还是做个坚守理想、关爱自己的现代熟女？

这只是角色的转换而已，大女人也可以似水柔情。关键在于，要把丈夫当成合作伙伴。

以前男孩子被当做宝贝，酱肉、牛奶、点心只有他们才能吃；上学，他们优先；继承遗产，也是男孩子的专利。女儿几乎是被遗忘的一群人，吃冷饭，也没有上学的机会。但短短30年的时间，人们的观念和生活方式已经发生了天翻地覆的变化。

现在，社会上各种“逆转女王”粉墨登场。虽然韩国还没有出现女总统，但我相信这只是时间问题。另外，比老公挣钱多、学历高、地位高的女人渐渐多了起来。如果在过去，这种现象肯定会遭人嚼舌根；即便是现在，这种现象也还是有点令人难以接受。

也许有男人会问：为什么女人就要比男人矮一截？这源于5000年前老祖宗流传下来的“精神遗产”。

总是会有人问我：

“你老公是做什么工作的？”

这个问题的潜在含意是“她老公应该很能干，很了不起”。因为普遍的观念是：了不起的女人背后一定有一个更加了不起的男人。我的回答是：

“他的工作和我差不多。”

在外要和“精神遗产”作斗争，在家也要斗争，因为这些“精神遗产”已经深深烙在老公的DNA里了。

刚结婚时，只要是节日，我都必须回婆家，准备祭祀物品、食品、宴席。而且，都是过节前两天开始准备，直到小姑子来。然后，当天在婆家再住一个晚上，第二天才可以回娘家。小姑子都回来了，那么同样作为女儿，我也应该回娘家孝敬我爸妈才对，可在当时，我根本不敢提这事。婚后三年，我一直忍着，一句话都没说。第四年，我和老公大吵一架，最终把这个问题解决了：过节时，我们各回各的家。这让我觉得自己是个成功的斗士。

工作后，我经常12点之后回家，有时下班后会去喝酒，老公也要约束我。“哪里有压迫，哪里就有反抗”，要我妥协是不可能的。结果我们又大吵了一架：

“为什么我不能12点之后回来？给我3个理由。”

于是老公就硬掰出来几个理由来，比如“不安全”。后来连被劫持这个理由都被他搬出来了。

为什么男人可以12点之后回家，女人就不能呢？这都是老祖宗遗留下来的“精神遗产”在作祟。

“女人和男人一样？”

当然不一样，事实上女人在很多方面做得比男人更好。女人不比男人矮一截！但这不是吵一天架就可以解决的问题。政权的更替需要准备10年，韩国经过了36年才走向独立，我也准备用毕生的时间和“女人比男人矮一截”的观念作斗争。这不是一件容易的事，但我不会放弃。

聪明能干的女人们，请听好了：你也许因为职位比男朋友高而感到压力很大，正在为结不结婚犹豫不决。但这只是暂时的，只要努力，10年后你可以做得更好并最终战胜“精神遗产”，所以别苦恼，别气馁。

夫妻之间收入、职位的差距不是什么大问题，去掉男人DNA中的“精神遗产”也不难，只是需要时间罢了。

钱包可以比他鼓，气焰不能比他高

结婚初期，大部分男女的收入水平其实都差不多，但随着时间的流逝就开始有变化了。钱本来就是有人挣得多，有人挣得少，不分男女。但如果认为男人的收入一定要比女人高的话，就容易产生问题了。解决这个问题要进行以下几项心灵修炼。

第一项心灵修炼就是相信“男女不同是正常的”。过去有这么一句话：“能成为一家人是注定的福分。”

福分是注定的，所以，如果夫妻中一个人福分多一点，另一个人的福分就少一点。如果上天连福分都无法平均分配的话，又怎么可能对不同性别的收入平均分配呢？所以，要意识到男女的收入有差距是正常的。

第二项心灵修炼是尊重。如果妻子从事某种专业性工作，工资比老公高一点，而且每年加薪5%，10%，那么15年后，妻子的年薪可能是老公的2倍多。但那又怎样？就因此而瞧不起老公吗？男人要因此而自卑吗？当然不能。双方应该彼此尊重，因为这只是工作报酬不同而已。不要被老祖宗的“精神遗产”祸害了。

著名的喜剧演员金智善和开餐馆的老公结婚后生了4个孩子，现在生活甜美幸福。她老公是个非常优秀的男人，细心地经营一家餐馆，也非常细心地照顾孩子。但人们都以为他是吃老婆软饭的人，而事实并非如此。

有时，他俩都有收入；但有时，金智善不参加演出就没有收入，这时就要靠她老公了。现在金智善女士在做一个家庭购物节目，并且定期在电视节目中参与演出，努力工作和攒钱，并买了新房子。我曾经问她："怎么有这么大的勇气生4个孩子"？她回答说："我相信我老公。所以无论是工作还是育儿，我都愿意与他并肩同行。"

我特别欣赏金智善女士，因为她给予老公足够的尊重，对他积极的生活态度给予真心的肯定。

"治愈"男人受伤的自尊心

第三项心灵修炼是"治愈"男人受伤的自尊心。不管你和老公的关系多么稳固，也会有出现裂缝的时候，虽然可能不是你故意造成的，却给对方带来了伤害。

比如前不久，我老公买了一辆新车，是他用自己攒下的薪水买的。但他公司的同事都这么说：

"老婆给你买的新车啊，找一个会挣钱的老婆真好。"

这很伤老公的自尊心，虽然这不是我直接造成的，但是因我而起的，也会影响我们的感情。

为了安抚老公，我们每年都到日本进行“治愈旅行”。始终选择日本的理由只有一个：老公在日企上班，日语非常流利。所以，从准备旅行开始，大小事情全部由他安排做主。

“老婆，你没去过这里吧？这家的寿司非常美味，我们预定吗？”

“那个在韩国都能预定吗？”

“当然，我一个电话就搞定了。”

总之，抓住一切机会让老公展示他的魅力。我特意什么准备工作都不做，只带着对老公的信任，和他一起去旅行。旅行的一切费用由老公负责，他还特意在我口袋里放一些日元。

从坐飞机开始，我就紧紧跟在老公后面一步不离。如果跟丢了，我就成了“迷失的孩子”。到达日本机场的那一瞬间，老公已经露出了强者的眼光，那是在韩国时我几乎看不到的强烈的光芒。这时他说话了：

“跟紧我，不然小心丢了！”

我就赶紧跟着他，按照他计划好的旅行路线游玩。他带我去那些非常偏僻但味道独特的饺子店、物美价廉的服装店、环境不错但价格合理的酒店。

“味道可以吧！”

“这家服装店怎么样，有看到满意的衣服吗？”

“这酒店便宜吧，知道我是怎么找到的吗？”

老公开始洋洋自得起来，我在旁边不断迎合他：

“哇，这么便宜的地方怎么找到的？”

“酒店太棒了。日本像这么宽敞的酒店不多吧？”

我在旁边不断发出一些“哇噻、天啦、噢”的赞叹，并且用我的身体语言表示支持。在回去的班机上老公一定会问一句：

“我们明年还来日本旅行吗？”

5 天的日本之旅，把老公一年来受到的伤害都抚平了。

想想看，去超市时大家只认识老婆，买了新车别人说是老婆给你买的，这多打击男人的自尊心啊。所以，男人有创伤时，要两人共同治愈。

女骑士，和你的王子一起往前冲

男人本来就是骑着白马出生的骑士，一辈子都想骑白马，过王子般的生活，他会跟在女骑士后面吗？肯定不会。让男人当女骑士的奴仆，他们就更不愿意了。所以，当女人挣钱比他们多、名气比他们大时，确实会让他们觉得难受，在某种程度上，这也会对双方的关系产生不利影响。

双方都需要进行心灵修炼，或者把老公打造得更优秀，这样两人就可以一起幸福地往前走。

但很多女人都不愿改变。心里想：我就是挣得多，怎么样？我就是工作时间长，那又怎么样？这种“怎么样”的心态，不利于夫妻感情长久稳定。但如果用积极的心态对待的话，即使老祖宗的思想再怎么根深蒂固，在心灵修炼的夫妻面前也会无能为力。

记住，夫妻是最好的伙伴和战友。不要争吵，不要打架，不要只让对方去前线，要合两人之力一起向前冲。在路上有人会跌倒，有人会疲惫，不管是谁领先谁落后，都请紧紧抓住对方的手。

古人说："女为悦己者容"，但对现代女性而言，更应该是"女为悦己而容"。

世上最了不起的女人不是坐拥金山的女富豪，也不是报纸上经常报道的女名流，而是懂得心灵修炼并把幸福握在手中的女人。

姐姐有话说

夫妻之间收入、职位的差距不是什么大问题，去掉男人DNA中的“精神遗产”也不难，只是需要时间罢了。

抓住一切机会让老公展示他的魅力。

夫妻是最好的伙伴和战友。不要争吵，不要打架，不要只让对方去前线，合两人之力一起向前冲。在路上有人会跌倒，有人会疲惫，不管是谁领先谁落后，都请紧紧抓住对方的手。

世上最了不起的女人不是坐拥金山的女富豪，也不是报纸上经常看到个人报道的女名流，而是把幸福握在手中的女人。

Office Lady“计划生育”：“生”“升”两不误

孩子，是女人一生的事业。职场女性想生孩子，又担心影响工作、延误升迁。

只要计划周密，就可以一边生孩子，一边高升。带着自信，昂首挺胸地生孩子和工作吧。

"生孩子吗？什么时候生？"

对职场女性而言，最让她们苦恼的问题就是怀孕。"怀上了就生下来"已经是过去的事了，现在怀孕要作好周密的计划。生孩子是女人一生最重大的事件之一。假如你因为生孩子休假，让别人趁机坐上了本该属于你的位置，那多让人郁闷。

生孩子一定要作好万无一失的准备。孩子不应该是突然出现的，然后给你一个措手不及，而是你期盼已久的上天馈赠的礼物。所以你必须作好准备。

第一，孩子必须结婚后生。不要没有计划，结婚前就稀里糊涂地把孩子生下来。

第二，分析自己的环境。如果现在住的房子不适合养育孩子，可以今年努力工作攒钱，明年搬到更好的房子后再考虑生孩子。另外，房子附近有没有幼儿园，上幼儿园之前孩子由谁照看等问题都要仔细想清楚。孩子 2 岁前，看看能否向公司申请产假自己照顾孩子。

养育孩子，就像往无底洞里扔钱。医疗费、养育费等各种费用，上网查一下就可以知道每个年龄段的花费，每年需要花多少钱。现在孩子的教育费用庞大，而且胎教倍受推崇，又是一笔不小的支出。所以孩子出生前一定要作预算，努力地攒钱。特别是女自由职业者，生孩子和养孩子期间可能10年都没有一分钱收入。对此我深有体会，因为作为讲师，我就是自由职业者。

我对怀孕生孩子作了周密的计划。孩子什么时候出生最合适？显然应该选择演讲最少的时节，二月份。我第三个孩子就是二月份出生的。一月份是新年，有很多新年演讲会，所以会非常忙碌。我在二月份生孩子，一直休养到三月份。那时我还在读研，休学半个学年，九月份就可以复学上课了。就这样，我把每个时间点都计算好了才生第三个孩子。

唯有真正了解自己的价值：身为女人的价值或身为母亲的价值，才能学会爱与被爱。

生孩子不只要考虑时间问题，每个月的花费也要做好预算。计划生孩子前，我准备好了保险费和一些存款。但生完孩子不能马上做演讲，也就没有收入。所以在生孩子之前我把每个月收入的80%都存起来。因为生孩子后，没有收入，需要花钱的地方又多。所以要制订好计划，在生孩子前努力挣钱，尽可能多存一些钱。

虽然生活费由老公负责，但作为一名职场女性，我也要承担生活的责任。想要孩子又不存钱是不行的，我从来不做“月光女神”，每个月都把一部分收入存进银行。在我看来，把钱存到银行后，这钱就属于银行，不再属于我，直到我去取钱的那一天，才再次属于我。我一直只存不取，尽量为生孩子准备充足的费用。

自由职业者又有什么优势呢？不会因为怀孕影响升职，因为你的升职由自己决定，因此更应该做好职业规划和人生安排。这个安排不只是工作方面，也包括人生其他方面，所以你需要一个周密计划，这样在你怀孕和生孩子期间才不会丢失客户。

第三，在公司“排队拿号”再怀孕。我们部门有 3 个已结婚 1 ~ 2 年的女同事，这让部门经理非常紧张，担心大家一起怀孕。“我怀孕了”，如果部门经理每隔一个月就听到一个这样的“爆炸新闻”，一定会焦头烂额。而且，这也是一种不负责任的行为。

怀孕要在升职后

我们公司的员工大部分是女性，而且很多都处于生育年龄。新年伊始，我都会问：

“今年准备要孩子吗？”

“怀了就生下来”，这种话可千万别说，一定要事先作好计划。我们公司的女同事处理这个问题时就很理智。“如果你现在打算要孩子，那我就 6 个月或者 1 年后再要。”大家都相互支持，相互体谅。其实，如果女职员都去生孩子了，我就只能招聘新员工，这对她们的职业发展也不利。所以怀孕生孩子时“排队拿号”，既可以互相帮助，又能保住自己的职位。

前不久有一个女孩子加入公司，她工作非常努力，常常整夜加班。但有一天却没来上班，我收到她的邮件，说身体一直不舒服，去医院检查才发现怀孕了，所以要辞掉工作。她还表示抱歉和遗憾，说如果能在公司工作 6 个月后再怀孕就好了。

我为这个女孩子感到可惜，如果事先作好怀孕生孩子的计划就不会影响她的工作了。有些人却认为，“生孩子是人最自然的本性，孩子是上天赐予我们的礼物，怎么可以人为进行调节呢？”事实并非如此。如果怀孕期能和工作档期搭配好不是更完美吗？所以我在给女同胞们做演讲时一定会说一句话：

“升职前夕一定不要怀孕。”

升职后一段时间再怀孕对自己的职业发展有好处，对公司也好。如果想明年升职，今年的绩效考核就要交上一份优秀的答卷。如果突然怀孕了的话，升职的希望就比较小了，因为怀孕后有很多事情是无法预料的。孩子有可能着床有问题，有可能胎位不正，这些问题都有可能要在医院观察几个星期，这样一来，就没办法全心全意工作了。

孩子生下来后，保住工作也是一个问题，因为你没有给出一份满意的绩效考核表。从上司的角度出发，他可能会在你离开期间，让别的同事坐上你的位置。所以升职前夕一定不要怀孕，升职后再生不迟。更何况到那时，经济上也准备得差不多了。有野心的女人会选择在完成一个重要项目、被破格提拔之后怀孕。多么聪明啊！

巧安排，不要带着歉意生孩子

我认识一位女子，她巧妙地安排怀孕生孩子与工作档期，不仅保住了自己的事业，而且生了 3 个孩子。让我不由自主地赞叹：“了不起，厉害！”

“生第一个孩子时我是普通职员，生第二个孩子时升为代理，在升为代理的第一年年末又生了第三个孩子……按这种节奏，很快就可以升为办公室主任啦。”把一切都计划安排好，也不用对上司怀有歉意，而是理直气壮地说：

“我又怀上了。本来就打算生3个孩子，虽然对公司有点影响，但我会安排好工作，生了孩子后也会加倍努力工作。不用担心，我体质很好，最多一个月就恢复了。”

就这样，这位职场女性将生孩子和工作巧妙地安排好，部门经理也不会责怪她。我认为条件成熟的话，职场女性可以考虑生两个孩子，当然要尽量借助外力来照看孩子，以最好的状态和最有效率的行动提前作好准备，保证生孩子和工作两不误。

升职一般要花5年时间，两个孩子相差两岁刚好，不要相隔太久。这样对婆婆也好，因为她身体还比较健康，照顾孩子不会那么累。我生孩子时，婆婆年纪已较大了，我还不得不常常拜托她帮忙照看孩子，对此我感到很抱歉。我婆婆也赞同女性最好生两个孩子，还说：“当时我要是再年轻几岁，就会考虑再生一个孩子。”

另外，孩子相差两岁可以避免浪费。奶瓶、学步车都可以继续用，衣服也可以给第二个孩子继续穿。如果相差3～4岁，很多东西都不得不丢了。养过孩子的人都知道，婴儿车、玩具都很贵。孩子的衣服比大人的衣服还贵，而且如果是纯棉的衣服就更贵了。所以相隔几年生第二个孩子，最好也作一个计划，最大限度地避免浪费。

最后，请记住：孩子是女人生命中最棒的礼物。我们不要怀着歉意生孩子，要带着自信，昂首挺胸地生孩子和工作，听到了吗？

姐姐有话说

生孩子也要作好万无一失的准备。孩子不应该是突然出现给你一个措手不及，而是你期盼已久的上天赠送的礼物。所以你必须作好准备。

升职前夕一定不要怀孕，升职后再生不迟。

职场女性尽量借助外力来照看孩子，以最好的状态和最有效率的行动提前作好准备，保证生孩子和工作两不误。

孩子是女人生命中最棒的礼物。我们不要怀着歉意生孩子，要带着自信，昂首挺胸地去生孩子和工作，听到了吗？

特别的产假，特别的机会

产假请休，要制造一种你从未离开职场的假象？坐月子期间，她到西餐厅吃自助餐、开博客、学习视频编辑……

然后来一个漂亮转身，转换角色，马上恢复工作状态。她说，产后调理期正是向全天下提醒你的存在的大好机会。

职场女性在休产假前要准备很多事情，其中最重要的是工作交接。休假期间，你的工作交给谁来做，一定要提前安排好。

“部门经理会安排的，组长会做的。”不要这样想，应该和上司先商量好。要制造一种你从来都不曾离开职场的假象，这样生完孩子后也方便复职。

我们公司的崔总监在休产假前，把所有可能用到的文件、资料都整理好，并做了一份文件指南，条理清晰，方便大家查阅，这样大家也不需要给她打电话。她把工作交付给学妹，还不时请她吃饭，送她礼物等。这样一来，学妹工作时也不会发牢骚，一直勤勤恳恳地帮她做工作。你不妨向崔总监学学这招，在休产假前请同事吃饭：

“我明天就要休产假了。我不在，大家要多做一份工作，给大家添麻烦了，请大家多多担待。今天我请客。”然后大方地请大家吃一顿再休产假。

此外，生了孩子还应该告知公司。有人生了孩子会打电话告知朋友“母子平安”，却不通知公司和上司。为什么不给公司一个消息呢？这直接关系到你的工作和上司啊。

如果你的产假从6月30日开始到10月2日，组长就会为10月2日你来不来担心整整3个月。“现在孩子才刚出生，完全离不开我。对不起，请您再招一个新人吧。”经理最担心接到这种电话，会一直为此提心吊胆。所以孩子出生后，一定要打电话告知公司和上司。

崔总监刚生下孩子5分钟，她老公就打电话告诉我们这个好消息：刚生了一个非常漂亮的千金，感谢金老师您的关心。这比崔总监自己打电话更让我感动。后来我去看她，她还跟我分享了她的生产趣事：

“我当时就要进分娩室了，可老公却跑到外面抽烟了，还找不着人。正担心不知道让谁来剪脐带，心里着急得很，他又跑回来了。”

制造一种你从未离开职场的假象

孩子生下后，打电话通知公司的意义在于，要让上司感觉到，你依然是公司的一员。可有些女同事3个月过去了，都没有给上司打过一次电话，这是不明智的。不管怎么说，虽然你在休产假，但你仍然在职。

崔总监在产假期间经常打电话到公司。刚生完孩子，确实会变得异常忙碌，可能连打电话的精神都没有。给孩子喂奶、换尿布，连冲奶粉都要挤时间。但崔总监隔一天就打一次电话到公司，实在太累了也坚持一周打一次，关心公司的近况。

“金老师，公司没什么大事吧？”

她还常常给下属打电话了解公司的情况。所以，她虽然不在公司，大家却感觉她从未离开。明明在休3个月的产假，却感觉她只是去中国出远差。

有一段时间因为公司搞活动，电话快被打爆了，大家都忙得不可开交。崔总监知道后，把孩子托付给妈妈，然后把公司的电话转接到自己手机上，承担起接电话的任务。她明明在休假，却反倒像在公司上班。

产假休完后崔总监就准时来上班了。但大家都没觉得崔总监离开了3个月，要不是庆祝她复职聚餐，很多人都不知道。而且崔总监不在的3个月，下属也主导开展了一些工作，获得了一次成长的机会。

但大部分女职员都做不到这一点。3个月产假中，她们音讯全无，有人甚至休完产假连一个电话都没有，就径直来上班了。从职场女性休产假前后对待工作的态度和处理方式，就可以看出她能不能成长为领导。高手和菜鸟产假前后对待工作的态度和处理方式是完全不同的。

你早晚也会生孩子的，希望你看了上文后，也尽量提前作好安排，保证万无一失。

有一个女同事工作没交接，文件也没整理就休产假，公司想找一份紧急文件时，给她打电话也不接，她可能是认为：

"明明在休假，为什么总是打电话来烦我。"

她这种态度和处理方式不仅不敬业，也给公司同事留下不好的印象。休完产假回来，大家可能会像从来不认识这个人一样。1年后，她再次怀孕，又休产假了。同事可能就会说："我们又要给她收拾烂摊子吗？真是恼火。"

这一次没有人再愿意帮她做工作了。如果她像崔总监一样合理安排，就可以得到大家的祝福回去休产假，可她却没有这么做。如果女员工休产假时都这样处理，公司的负担该有多大啊？

女人怀孕休产假天经地义，有法律保护。但同事的关心，团队合作精神，还有人心是你要关心和维护的。聪明的人生活在法律之上，懂得有很多事不是法律所能解决的。只要发挥一下你的聪明才智，你就可以在休产假的同时保住工作。

调理身体，更要调整心理

怀孕生孩子是幸福的，但产后护理对女人来说绝不是一件幸福的事。有很多女人甚至会患上产后忧郁症，我就经历过。虽然很快就恢复了，但确实很难熬，特别是生第三个孩子时，我已经40岁了，作为高龄产妇，产后一周我非常抑郁。

女人生了孩子后，身体变化特别大。我生完孩子后没高兴几天，全身就水肿得像气球似的，还有很多工作等着我。刚生完孩子不能洗澡，这让我浑身不舒服，孩子又在一边哭闹着要吃奶。

给孩子喂奶非常辛苦，常常累得我满头大汗。更要命的是，要3小时喂一次奶，这样一来连睡觉都成了一种奢侈。但这是谁都不能代劳的，所以即使累也要坚持。我有时候一边打瞌睡一边喂奶，又怕孩子摔着，就层层叠叠地铺几床被子在孩子周围。

此外每天都要吃海带汤（韩国人有产后吃海带的传统，认为藻类有益产后调理，营养丰富，而且海带含丰富的蛋白质、维生素A及矿物质，比一般纤维更容易消化吸收，能帮助排便，对产后瘦身很有帮助。——译者注），吃得我都快吐了。一天，我吃海带汤时终于忍不住哭出来。都吃了一个星期的海带汤了，而老公却在旁边吃牛肉汤，我不由怒火中烧：

“坏老公，我天天吃海带汤都吃得反胃了，你还在我旁边吃这么香的牛肉汤。实在太可气了。”

另外，辛辣的食物也不能吃，吃泡菜都是一种奢望。婆婆在旁边还递过来一杯米酒：“来，喝两杯，多产点奶。”我是奶牛吗？又让我喝海带汤，又让我喝酒，就只想着让我多出奶，那一刻我终于忍不住掉下眼泪。一个月前还兴致勃勃的女人，突然对什么事情都提不起一点兴趣，心中满是伤感，整个人陷入忧郁之中。

有一天老公从公司回来，让我照镜子。我这才发现给孩子喂完奶，上衣两颗纽扣都没扣……

生完孩子后身体严重发福，连脑子里流动的仿佛都是脂肪。但老公还和年轻时一样身材颀长，一点变化都没有，而且上班前还喷香水，这让我疑窦顿生：

“今天下班后去见谁呀？”

“去见一个客户，晚上出去喝一杯，晚点回来。”

听到这话，我脑子就冒出了“有女人一起去”的想法，还不是像我这样身材臃肿的大妈，而是身材苗条的美女。我感觉自己快疯了。晚上老公回来，一进门我就审问：

“晚上吃了什么？”

“寿司。”

这更让我难受了，因为我也想吃寿司。要是以前我立马就出去买了，但现在这身体估计连门都出不了，而老公却在外面吃香喝辣，更觉得他面目可憎。我也知道自己正在陷入忧郁中，却无法走出阴霾。

产后，我每天过着昼夜不分的生活，一个月不知不觉就过去了。整日被困在家里，每 3 小时喂一次奶。别人是早上起来中午工作晚上睡觉，而我一天 24 小时几乎都花在喂奶上。

有一天，我实在太疲惫了，就想让老公看着孩子，抓紧时间小憩一会。一个月都没有睡过一次好觉，而老公竟然认为我在家里休息，什么事情都没做。再这样下去我会发疯的。孩子出生才一个月，我却感觉好像过了很多年。于是，我让老公带我出去走走，那时是二月份，外面还非常冷。

婆婆怕我吹了冷风留下后遗症，把我包裹得严严实实的。由于发胖，生孩子前的衣服都穿不上了，只好穿老公的衣服，而浮肿的脸上化了妆又像京剧演员似的，但我还是很高兴。和老公一起去酒店吃自助餐，酒店的气氛很好，不会听到“孩子今天吃了多少奶”之类的话。坐在华灯下面，呼吸着外面的美好空气，让我觉得自己好像又活过来了。

后来，我们每周都到酒店去享受一次美食和气氛，这对我精神恢复起了很大的作用。

所以，产假期间，当你被孩子困在家里，看到自己的邋遢样时，不要对自己失去信心。找一天好好打扮自己，和老公或朋友去外面吃一次大餐，这会让你感到幸福。

用美食缓解抑郁后，我开始思考如何才能回到充满活力的状态。答案是阅读。在老公上班前，从凌晨 4 点到 7 点可以聚精会神地阅读和写作。《女性营销》就是这时写下的作品。

我曾经认真学过视频编辑，最初是想把女儿的摄像做成视频，留个纪念。我在网上搜索相关方法，自己慢慢摸索，然后无师自通。学会了一门本事，就不会觉得浪费时间了。“所有的兴趣都可以转换成你的资本。”这是我一贯的主张。

《女性营销》报告的 10 个视频全部都是我自己做的。休产假期间，我还自学掌握了幻灯片、视频编辑等，这段时间我过得非常充实。休完产假回到工作岗位，这些技能方法都可以用到工作上。

产后调理期间，大部分女人记忆力会下降得很厉害，在这里告诉大家三个缓解方法：

第一，尽量不要让自己陷入忧郁中。每周好好打扮一次，去高档餐厅吃一顿，去电影院看一场电影。

第二，生完孩子后努力调整心情。虽然是产后调理期，但不要把 24 小时都花在身体调理上。比起身体调理，心理调整更为重要。特别是要多阅读，因为阅读会带给你安慰和快乐。如果老是局限在有限的空间，会让自己更忧郁。

第三，尝试学习有趣且新鲜的东西，始终保持与外界沟通。不妨学习视频编辑，开博客，然后把孩子的照片上传到博客，用文字记录心得感想，也是很好的纪念。

拯救身材，就是拯救你的自信

产后调理结束，最重要的就是减肥了，一定要减下来。看看身上摇晃的脂肪，肚子上一抓一大把的赘肉，该怎么办？这些赘肉不仅让我在老公面前没有自信，连和他一起睡觉都觉得不好意思。

“由于生孩子变胖了，有什么办法啊，难不成不生了吗？这又不是我的错。”

谁不知道？老公当然会说没关系。老公说的不算，因为你知道他只是在安慰你。你就是不自信才会问他的。一旦变苗条后你就不会再问了，因为你已经重拾信心。你对自己有自信，才是最重要的，请牢记这点。

不虐待自己的健康减肥方法有很多，比如控制饮食，尽量少吃肉，但最好的方法还是运动。刚开始可以做一些简单的运动，比如伸展、瑜伽或散步，不仅可以减肥，而且可以加速恢复。

利用产后调理期“提示”你的存在

事实上，怀孕和分娩是让女人变得坚强的极限挑战。想想看，女人怀孕后心态的变化，肚子大了后漂亮衣服都穿不了时的伤心、临盆前走路都吃力的劳累、十月怀胎的艰辛、分娩时的痛苦、产后抑郁症、给孩子喂奶的疲惫、喝海带汤喝到痛哭、看到身上赘肉时的伤心等，身体和感情都要经历许多的变化和挑战，世上还有比这更折磨人的极限挑战吗？

为了克服怀孕和分娩的困难，做一个坚强的女人，我严格遵循上文提到的策略：在产后调理时期，避免患上忧郁症，努力调整心情，学习新鲜有趣的事物等。很快，我就恢复了苗条身材，产后休假结束后马上就回到工作岗位，来了一个漂亮转身。比起身材苗条的年轻女孩子，做了妈妈仍然身材火辣的坚强女人更散发着魅力。

另外，产后调理期对女人来说是一个改变形象的好机会。怀孕期间即使孕吐厉害也坚持工作，在休假前把工作干净利落地交接好，然后回去休产假。产假一结束就参加一个大项目，6个月后恢复完美身材。这么“狠”的女人很少见吧。“那个女人对自己都非常狠。不要轻易惹她。”于是，周围的人绝不会轻易惹你。**产后调理期正是你向全天下提醒你的存在的大好机会。**

现在，从忧郁症中大步走出来，抓住属于你的机会！

姐姐有话说

职场女性在休产假前要准备很多事情，其中最重要的是工作交接。休假期间，你的工作交给谁来做，一定要提前安排好。

从职场女性休产假前后对待工作的态度和处理方式，就可以看出她能不能成长为领导。高手和菜鸟产假前后对待工作的态度和处理方式是完全不同的。

产假期间，当你被孩子困在家里，看到自己的邋遢样时，不要失去信心。找一天好好给打扮自己，和老公或朋友去外面吃一次大餐，这会让你感到幸福。

事实上，怀孕和分娩是让女人变得坚强的极限挑战。

育儿，让男人拿到“爸爸资格证”

姚明说他会“学习做一个爸爸”。确实，养育孩子需要上岗培训，不管是新爸还是新妈。

如果只有女人独自养育孩子的话，两人必然会吵架。男人对孩子成长的关注度会影响婚姻的和谐。

“等有了孩子，男人就会变得成熟。”

妈妈们常常这么说，但我觉得应该是这样：

“等养了孩子，男人才会变得成熟。”

养孩子是一件很辛苦的事。而女人最苦恼的是，孩子要到几岁才可以不需要妈妈全天陪伴？虽说孩子一辈子都需要妈妈，即使年过不惑的男人也需要，但性格发展和形成的关键时期，即四五岁的时候是孩子最需要妈妈的时期。

职场女性如果 30 岁左右辞职生孩子，然后在第一个孩子 5 岁时，生第二个孩子，10 年后就差不多 40 岁了，这时她已经与社会脱节，要想重返职场就没那么容易了。但是如果孩子 6 岁时还需要妈妈全天陪伴，放弃职场是一个正确的选择。与其工作家庭都一团糟，不如放弃工作，一心一意在家养育孩子。

但是，养育孩子并不比上班容易，女人的信心可能会遭受一次次打击。生孩子后，身材发福，从产后调理期间开始，一切都似乎变得不尽如人意。而男人可能还会说：“孩子当然要由生的人来养。”要这么说，饭也该由买锅的人来做。所以我常常对女孩子说不要自己去买锅，让男人自己去挑选，只是在他买锅的时候积极给予意见就行了。

男人也可取得“育儿上岗证”

从怀孕到分娩，似乎只是女人的任务，但育儿不同，育儿是社会性的，它不只是女人的任务，也是男人的工作。事实上，男人也可以把育儿工作做得很好：洗抹布、换尿布、冲牛奶、带孩子到游乐场等，甚至做得比女人更好。育儿最重要的是要经过训练，不管是男人还是女人。

女人也不是一怀孕就知道怎么带孩子的。有些妈妈可能牛奶没冲好就给孩子喝，结果使孩子拉肚子；也有的妈妈给孩子洗澡一不小心让孩子摔倒了；也有的妈妈不知道用什么姿势抱孩子才舒服。所以女人也是通过训练才能慢慢学会如何育儿，男人也应该参与这项训练。男人至少应该承担一半的育儿责任，如果工作确实辛苦，也得承担 30% 的责任，当然，并不是说每个爸爸都要去剪脐带。

男人必须无条件地参与到育儿任务中来，不管妈妈是职场女性还是家庭主妇。即使你是家庭主妇，也要让老公参与到育儿中来。职场女性可能会成为家庭主妇，因为只要孩子发生什么事，她会马上辞去工作回家带孩子；如果家里发生变故，家庭主妇也有可能重返职场。所以没有必要就是否继续工作纠结。

一个男人，既然成为了一名父亲，就要关注孩子的成长，参与到孩子的成长过程中，并了解做妈妈的辛苦和幸福。女人对孩子的爱可以谱写成一部史诗，因为她需要陪着孩子一天天长大，这个过程充满艰辛。

但这段时间也是孩子和妈妈共享的美好时光。看到孩子第一次微笑，做妈妈的不知道有多感动；断奶时孩子因为眷恋妈妈的奶而哭闹，妈妈会心如刀割，同时又适时地给孩子安慰鼓励。看着孩子一天天长大，心中充满幸福。

称职的爸爸都要知道这些，因为比起生孩子，关注孩子的成长过程更重要。

我的第三个孩子基本上是我老公养大的，因为那时我太忙了。老公和女儿的感情非常好，女儿什么事情都肯对我老公说。有时，我甚至感觉自己被孤立了。

尹娴（第三个孩子的名字）找东西时从来都不问我，总是直接问爸爸：

"爸爸，我的玩具在哪儿？"

有时在路上走着，会突然说"我和爸爸来过这里"。这时老公就会露出得意的笑容说"老婆，你不知道吧"。老公常常和孩子聊天、谈心，也保存着很多美好的记忆。作为一位父亲，老公做得非常好，让我体会到一个男人正是通过育儿成长为一名合格的父亲的。

老公育儿，可以降低离婚率？

如果男人对孩子漠不关心，只有女人独自养育孩子的话，两人必然会吵架。恋爱时两人如胶似漆，结婚后也和和美美，但女人怀孕肚大如斗后，有的男人回家后却连看都不看一眼了。孩子还在肚子里时可能还相对太平，但孩子出生后就一团糟了。孩子满百日前整天不睡觉，只知道哭闹。满百日后会稍微好一点，但孩子已经学会翻身了，大人要在旁边小心看着，一刻都不能大意。等孩子会走路就更好了，但也要留心看着，免得撞到书桌棱角或摔倒，不然就会哭……

再长大一点，孩子就开始学骑自行车，学轮滑，反正什么危险爱玩什么，孩子的奶奶都常说“看孩子是吃力不讨好的事情”。一直把孩子照顾得好好的，可一不留神磕着碰着了，那就都是你照顾不周造成的。妈妈要一天 24 小时都把视线和精力放在孩子身上。

我曾经和 5 个妈妈一起聊天，谁说一句话，其他人都深有体会，连声应和。一位妈妈说去洗手间都不敢关门，怕孩子到处乱爬，所以要开门看着。还有个妈妈说想去洗手间时，孩子又哭又闹地吵个不停，只好把孩子也带进洗手间放在膝盖上。

妈妈连去洗手间都不敢关门，更不用说洗澡了。想独自一个人静静地泡澡，可等了一天老公也不回来。好不容易把孩子哄睡了，老公又回来了，还把孩子弄醒了。把孩子弄醒了他会哄吗？不会。不到 10 分钟又把孩子扔回给你，自己倒头呼呼大睡。且不说帮忙照看孩子了，孩子哭了还嫌吵，然后一个人跑到隔壁房间去睡了。

如果这种事情情况反复发生，就会引起争吵：

“难道我是为了过这种生活才和你结婚的吗？”

“谁叫你辞职的？”

“那谁来看孩子？”

“找保姆来看不行？”

“别人能像自己这么尽心看好吗？”

“丈夫”，真的成了与自己相距一丈远的男人。男人们，为了缩短与老婆之间的距离，请认真听下面的建议。尽量早点回家，给妻子30分钟的泡澡时间，让她一周至少有3次这样的泡澡机会。另外，每个月至少有一次让妻子单独出去和朋友们约会聊天的机会，因为她每天待在家中，连个说话的人都没有。

因为爱，所以和她结婚，但育儿也是婚姻的一部分，所以千万别把育儿当成是她一个人的工作。你爱她，所以和她结婚，生了孩子，就一起养育，知道她做妈妈辛苦，就努力减轻她的负担。你自己看着孩子，让老婆有时间外出和朋友聊天，转换心情，这才是夫妻相处之道。

婚后3年很重要，如果没有处理好这段时间的矛盾，可能一辈子都离不开争吵。老公做错一次，女人会把这件事铭记在心：当初老公就是这么对我的。难道只因为是夫妻就要原谅他？不可能。因为是夫妻，就更不可能原谅。婚后3年是矛盾最多的3年，大部分离婚也是发生在这一段时期。

老公的育儿年龄和你一样大吗？

男人在婚后3年应该积极地帮助妻子，积极热心地参与育儿工作，这也是成为一名合格爸爸的必经过程。孩子不仅需要血缘上的爸爸妈妈，更需要关注并期待他们成长的爸爸妈妈。所以，并不是孩子一个人在成长，爸爸妈妈也与孩子一起成长。

孩子3岁，那么爸爸的育儿年龄也应该是3岁；孩子10岁，爸爸的育儿年龄同样也应该是10岁。

“是我生了孩子，就该又当爹又当妈。”可能有女人会这么想，但这种想法不对。有很多男人生理年龄已经45岁了，可育儿年龄还停留在1岁。这样的爸爸，既无法和孩子交流，对孩子的成长也没有任何美好回忆。

不参与育儿工作、不关注孩子成长的爸爸，也容易和老婆话不投机。爸爸对孩子的情况都不了解，两人怎么能达到意见一致？意见不一致又会造成争吵。妈妈的育儿年龄是15岁，爸爸是1岁，两人能交流吗？孩子们相差1岁都可能玩不到一块，况且相差14岁。

如果你不想和老公吵一辈子，不想一个人承受育儿的痛苦，那就让男人也参与育儿工作，让男人也学会育儿。这一点非常重要，即使会产生冲突和争吵，也要坚定不移地培养男人的育儿思想，哪怕每天只花30分钟或者1小时培训男人，这样，他的育儿年龄也会不断增长。

“都是大人了，怎么教啊？”事实并非如此，男人可以教。不管是男人还是女人都会在养育孩子的过程中和孩子一起成长。只是生理年龄在增长，育儿年龄没有增长的男人不知道如何爱家庭，不知如何与家庭成员相处。所以，哪怕是为此吵架，也要培养丈夫的育儿思想。

姐姐有话说

育儿最重要的是要经过训练，不管男人还是女人。

一个男人，既然成了一名父亲，就要关注孩子的成长，参与到孩子的成长过程中，并了解做妈妈的辛苦与幸福。

因为爱，所以和她结婚，但育儿也是婚姻的一部分，所以千万别把育儿当成她一个人的工作。

男人在婚后3年应该积极地帮助老婆，积极热心地参与育儿工作，这也是成为一名合格爸爸的必经过程。

如果你不想和老公吵一辈子，不想一个人承受育儿的辛苦，那就让男人也参与育儿工作，让他也学会育儿。

是老公，更是你的 Partner

为什么“贤妻良母综合征”会使男人闻之变色？她们“什么都听老公的”，却还是得不到老公的尊重。

渴盼男人赐予幸福，往往是被动而不安全的。所以，千万别独揽家务，与老公共同分担会让婚姻更甜蜜！

结婚后，就有了一个叫做“丈夫”的人，你想过这对你有什么意义吗？老公是要陪伴你度过一生的人，而不是让你像菟丝花一样依附的人。但很多女人结婚后就认为自己一生都将依附于这个称之为“丈夫”的人。

有很多女人分不清什么事该和老公商量后再决定，什么事必须无条件执行。“今天晚饭做什么吃？”这样的事情可以商量，而“结婚后我还可以工作吗？”这样的事无需商量，结婚后一定要尽量工作。你的工作，丈夫也不能决定是去是留。知道我听了什么最生气吗？

第一句是：“老公让我工作我就工作。”

你是男人的奴隶吗？不应该“老公让我工作我就工作”，而应该是“我自己想做就做”。你的人生是你自己过，不是老公替你过。老公是你朝着目标前进途中的伙伴，和伙伴共同协作，你的工作才能更上一层楼，老公的工作也会更加出色。彼此相互促进，共同成长，建立一个和谐的体系，这才是正确的想法。

老公认同才去上班的女人会让我很生气。只要有一点这种想法的女人，最好都不要上班，免得破坏公司的工作气氛，还是辞职回家吧。

“老公会帮助你做家务吗？”

这是我不愿意听到的第二句话，可电视中却经常出现。老公“帮忙”做家务，就是大发善心？结婚证上又没写清洁卫生必须由女人做。

前不久我去参加一个直播的电视访谈节目，又被问到这个问题。

“老师您平时演讲那么忙，先生肯定帮忙做了很多家务吧。”

我不想回答这个问题，可主持人又问了一遍。如果是别的场合，我肯定发火了，但因为是直播，我只好忍住了：

“老公当然也要做家务。”

主持人似乎很惊讶，因为男主外女主内是几千年来约定俗成的社会规则。但现在不同了，男人和女人都在外面工作，家务活不也应该两个人一起做吗？老公吃饭，我也吃饭；老公把脏衣服丢得到处都是，我也怎么舒服怎么放。家是我们休息充电重获能量的地方，被弄脏弄乱很正常。但既然是两人一起弄的，那就应该两人一起清洁整理。而 30 岁左右的年轻妻子却经常说：“我老公天天帮我做家务呢。” **男人打扫卫生只不过是做了他该做的事，又不是什么了不起的大事，有什么好炫耀的。**

因为对方的存在，让我们感到被爱，可以安心睡觉，迎接新的一天。

我讨厌的第三句话是：“这是我家里那位。”“家里那位”就是在家做家务的那位女人。刚结婚不久，我和老公一起出去时，他总是这么介绍我。我就和他理论：我是家庭主妇吗？“那位”是哪位，如果你在家带孩子，我介绍你时也称为“家里那位”，你能接受吗？老公一时语塞，半天没说出一句话。

有很多描述女性的词语都是从男人的立场创造的，难不成都一一去追究？我也希望我的生活和谐幸福，但看到这类词语我就生气，因为这些词语在一定程度上模糊了女性作为独立体的存在。

警惕“贤妻良母综合征”

我对老公说，你别想向我灌输“奴隶思想”：女人在家就应该服侍男人。婆婆们听到这种话都会大发雷霆吧，比如我婆婆就生气了。于是我就开导她：您儿子有工作，我也有工作，大家是平等的，您就让我们按照自己的生活方式过吧。在当时，能说出这种话的女性少之又少。听了这番话，我婆婆受到很大的冲击。

但我还是坚持按我的想法做了。如果我不能改变，那我下一代的生活也不会有任何改变，所以我必须战斗。我老公常开玩笑说，等他老了要写一部自传，记录他作为一名职场女性的老公，过着如何悲惨的生活，如何受到3位女性的压迫。

爱上母亲这个角色，可以安心坐着和孩子一同欢笑，可以热爱生活，并因为与孩子共处而满心欢喜。

我老公观察了一下周围男人的生活，发现与他有天壤之别。别的男人一回到家，手指头都不用动一下，老婆就端上热菜热饭了。老公喊一声“水”，老婆就赶快递上；说一声“遥控器”，老婆就立马放下手中的活去给他拿。他们对待自己的妻子就像对待奴隶似的，企图通过这种方式建立男性的权威。

我这么回答我老公：我们不是像朋友一样生活吗？开心的时候一起分享，痛苦的时候互相安慰。我去外国出差给你带领带，出去演讲时给你买红参，节日时送你很多礼物。我们像伙伴一样生活，生活质量比其他夫妻的高……我一点点开导他。

我又接着说，做家务活、照看孩子都要心地善良、心思细腻的人才能做，老公你心思如此细腻，你来做更好。事实也是如此。家是一个柔软温暖的地方，是一家人相互依偎、相互关爱的地方。现在，我老公每天早上一起来，就开始打扫房间，刷锅洗碗，什么活都会干。他会把脏衣服丢进洗衣机，洗干净后晾到阳台上，然后把阳台拖干净。

其实男人做家务，最重要的是培养意识、养成习惯。我一开始教已经上学的儿子打扫房间时，他总是以不会为理由推脱，后来就变得自觉。所以首先要转变他的想法。

只要把男人“教育”好了，就可以让他主动承担家务了。培训他参与育儿工作也是一样的道理，“培养”好的男人都会很自觉：回到家里会和孩子一起看看书，每周陪孩子去看一场电影，吃爆米花等。

女人应该将“我老公帮我做了很多家务”这种话、这种想法通通清理掉。

“我老公会帮我打扫卫生。”

“我老公会洗衣服。”

“我老公脱了袜子从来不乱丢。”

“我老公知道饭后要把饭碗收到洗水槽。”

连小学五年级的学生都会做的事，对一个大男人来说有什么值得骄傲的？

一旦形成了“奴隶思想”，老公的要求就会更多。人们常常按照自己习惯的生活方式生活。一旦习惯了把妻子当做自己的“奴隶”，老公回到家连酱油瓶倒了都不会伸手扶一下，只会饭来张口。如果那样的话，你的日子就难过了。

“新时代三好男人”是怎样炼成的？

夫妻应该以合作伙伴的关系一起生活，具有平等的人格，谁也不是谁的奴隶。应该一起打扫、清洁，一起洗碗，一起抚养孩子，一起前进。如果建立了这种合作伙伴关系，老公就会同意并且支持妻子出差 6 个月。

如果老公有“奴隶思想”，妻子就很难对老公开口说要出差 6 个月，因为说了也是白说，老公肯定会始终持反对意见：

“老公，我要出差 6 个月。”

回答很干脆：

“孩子怎么办？”

孩子和妈妈是捆绑在一起的吗？是想让女人带上孩子出差吗？但男人出差的时候会考虑“孩子怎么办”这个问题吗？

这种夫妻不是合作伙伴关系。这样的男人只是一个不能理解妻子、让妻子毁掉事业的老公罢了。最后妻子可能只好辞职回家了。谁让男人变成这样的？是男人的妻子。所以结婚初期就该把一切规矩都定好，哪怕吵闹也要定下规矩。听到妻子要出差6个月，对妻子说“别担心，孩子我来照顾，好好工作，平安归来”的男人，甚至把妻子送到国外读两年MBA充电提升的男人，才是妻子的合作伙伴，这种夫妻关系才称得上是合作伙伴关系。

女人也要维护“合作伙伴关系”，因为男人也会有不顺心的时候。比如老公的公司突然破产了，他想休息调整一段时间。有“合作伙伴”观念的女人会给男人充足的时间，让他为下一次的飞跃作准备，不会因为老公没挣钱就轻视他，而是宽慰他：人生本来就有起有落，这种事会发生在任何人身上。冷静对待，相互扶持，这才是真正的夫妻。

但曾经被当做“奴隶”的妻子，会认为这是翻身的好机会。男人待在家里，女人就要出去挣钱，那妻子就可以把老公当“奴隶”了。

“家里卫生都不做，一整天干了什么？”

“我在外面工作一整天，累得要死，你在家却连卫生都不做？”

“你以前上班，回到家可是连手指头都懒得动一下。现在我上班也不管家务活了。”

这是夫妻吗？不是，这是仇敌。但有很多夫妻就是这样过的。我讨厌这种活法，所以和老公争吵，和大韩民国5000年的历史争吵。而我老公作为“试验品”，也吃了不少苦头。有时候我也觉得老公很可怜，和我结婚好像是有点“不幸”。

但坚持并宣扬男女平等合作的观念，有利于家庭和社会的发展与和谐。我的女儿可以像我一样生活，我的儿子可以找一个“合作伙伴”做妻子，他现在就认为男人打扫卫生，洗衣服天经地义，也主动去做这些事。我常想，谁要是选择了我儿子那可真是找到宝了，因为我已经把他培养成“新时代三好男人”了，两个人以后就不会再为这些事争吵。我希望我的两个女儿能找到经过“培养”的男人，千万别碰上一些持有“奴隶思想”的男人。在有“奴隶思想”家庭长大的儿子，长大后 “奴隶思想”已经深深地刻在骨子里了。而在有“伙伴思想”观念家庭长大的儿子，长大了也仍然认可“伙伴思想”。

虽然在新婚初期树立“伙伴思想”并不是一件容易的事，因为老公的妈妈没有从小就给他灌输这种思想。但为了你们今后的幸福，你要培养他的“伙伴思想”。当然女人首先要改变自我观念，如果深受折磨却不愿意改变，会让女人愤怒直至疲惫不堪。

积累愤怒只会让人变得怨恨，而怨恨会让一个女人失去女性魅力，变得好斗。经常争吵，脸上的肌肉都可能变得硬邦邦的。在公司是受人尊重的职员，回到家就成了奴隶，家务事全揽在自己身上，心情不好，经常骂人，脾气也越来越暴躁。

这样的妻子谁不讨厌？你辛辛苦苦地持家干活，却失去了老公，失去了女性魅力，值得吗？如果你不想过这种生活，就要趁早培养老公的“伙伴思想”，建立良好的家庭文化，这样你才会一直幸福到老。

姐姐有话说

结婚后，就有了一个叫做“丈夫”的人，你曾经想过这对你有什么意义吗？老公是要陪伴你度过一生的人，而不是让你像菟丝花一样依附的人。

老公是你朝着目标前进途中的伙伴，和伙伴共同协作，你的工作才能更上一层楼，老公的工作也会更加出色。彼此相互促进，共同成长，建立一个和谐的体系，这才是正确的想法。

夫妻应该以合作伙伴的关系一起生活并具有平等人格，谁也不是谁的奴隶。

为了你们今后的幸福，你要培养他的“伙伴思想”。当然，女人首先要改变自我观念，如果深受折磨却不愿意改变，会让女人愤怒直至疲惫不堪。

培养独立自主的孩子，就是在挣钱

父母生怕孩子受到一点伤害，往往过度保护。

凡事为孩子包办代替，殊不知这样会让孩子有很大的依赖性。

放手让孩子自己做事情，给孩子自主选择的机会，这样，既可以培养孩子的独立能力，又可以增加他们的责任感和自信。

职场妈妈不仅要给爸爸制订婚姻“规矩”、育儿“规矩”，也要给孩子提前定好规矩，在和别的家庭作比较之前把一切“规矩”都定好。每个家庭都有独特的育儿理念，100 个家庭有 100 种育儿想法，育儿方法确实要视每个家庭情况而定，但有几个原则是要坚持的。

第一，把孩子培养得坚强独立，这是最重要的。如果孩子不坚强，如何能经历成长中的风风雨雨？职场妈妈不可能 24 小时守在孩子身边，妈妈不在旁边的时候，孩子可能受伤，也可能饿肚子。这并不是对孩子放任不管，即便请人照看，也不可能随时随地紧紧盯着。在孩子上初一前，必须让他们学会独立完成自己的事情，坚持培养一个独立自主的孩子。

我经常对职场女性说，在孩子上初一前就把他们培养成独立自主的人，就是在挣钱。

有人这样说：“养育孩子要花钱，请阿姨要花钱，明明是在花钱，怎么是挣钱呢。”事实并非如此。虽然一开始要投入一大笔钱，但你培养了一个独立自主的孩子，以后就不用因为孩子过于依赖而浪费钱了。请认真权衡判断，如果一直守在孩子身边，片刻不敢离开的话，孩子上了大学，你仍然要不断投入金钱为他的独立自主问题买单。所以，**再强调一次，培养一个独立自主的孩子，你就是在挣钱。**

有一些事情必须让孩子自己做，通过做这些事，孩子会自然而然地变得独立坚强。第一是独自去医院；第二是自己解决吃饭问题；第三是独自去上辅导班并自觉学习。在孩子的成长过程中慢慢地培养这三种能力，而且这些能力都必须从小就开始训练。

我最开始让第三个孩子自己学习的是穿衣服，虽然阿姨就在旁边，但我让她自己穿，她穿裤子比较费劲。四五岁时还经常前后穿反，可现在不会了。

“妈妈，有两条线的要穿后面。”

“有花边的要穿前面。”

后来即使裤子上没有花边她也能分清前后了，慢慢地孩子自己就找到窍门了。虽然花费了一些心思，可如果每次都是别人给她穿，她肯定到现在都还分不清楚。

如果把要求孩子独立完成的事情列一张表，职场妈妈的表肯定比家庭主妇的要长两三倍。吃完饭把碗放进洗水槽里，用纸巾擦自己面前的桌子，这些在6岁前就应该学会。上小学后，他们自己吃什么就可以自由发挥了。如果只有泡菜的话，可以把泡菜炒炒，做成泡菜炒饭，再从冰箱找一些饺子，就是一顿饭了。我们家孩子最喜欢阿姨没来我也不在家的时候，因为这时他们可以随心所欲地做自己爱吃的食物。

每个妈妈在成为母亲之前，都是“自己”，有自己的梦想、对美好生活的想象，而在做自己与做妈妈之间，是可以取得平衡的。

孩子再大一点就可以独自去医院。我们家老大和老二都曾独自去过医院，成长过程中吃苦最多的还是老大，尤其是在我们的经济情况还不好的时候。有时候她看到我太宠溺老三，就对我说：

“妈妈，别这样惯着她。像培养我一样，把她培养得坚强点。”

老大认为，由于妈妈不能经常陪他们玩，更要培养弟弟妹妹的独立意识。如果周末很无聊，小孩子可以一起玩。

让孩子爱上你的工作

第二点就是让孩子爱上妈妈的工作。不要总是用抱歉的口吻对孩子说：

“妈妈回来晚了，对不起。”

“妈妈要去出差几天，对不起。”

而是应该大大方方地告诉孩子们理由，然后去出差。“妈妈工作表现出色，所以公司送我到巴黎出差5天，如果妈妈工作做得不好肯定没有机会去，所以这是公司对我工作的肯定和鼓励。我会给你们买礼物的。”

不仅要让孩子爱上妈妈的工作，还要让孩子尊重职场妈妈。所以你要详细地告诉孩子你的工作内容。尊重是在了解的基础上产生的，如果什么都不知道，当然不会产生任何感情。妈妈仔细告诉孩子自己的工作，孩子才会对妈妈产生尊敬之情。

我会把我所有的工作都讲给我的孩子们听，演讲的工作，公司的事情。我的大女儿就对我写的书十分感兴趣，如果封面没做好，她还愤愤不平：“一本好书，因为封面设计没做好，就卖得不好了”，还会与别的书作比较。另外，她还很关注销量。有一次，《金美敬演讲的艺术》这本书出版2个月了，大女儿跑过来问我销量。我告诉她：

“5万多一点。不知道怎么回事，销量不太好。”

大女儿却回答我：

“能卖5万本已经非常不错啦，1万本都很了不起了，所有出版的书中销量5万以下的占90%，销量5万本以上的书连10%都不到。”

我听了这话，非常吃惊，我在出版界待了20年才弄明白的事，大女儿是怎么知道的？于是我又问她，她是这么回答我的：

“我妈妈出的书，我能不清楚吗？”

女儿是因为我才学习的，而我也从大女儿身上学到了很多。她可以称得上是“校正专家”，我把稿子交给出版社之前一定会给她先校对一遍。

“妈妈，这一章太冗长了。相同的事例出现了2遍，把这个例子换一个吧。”

“妈妈，这个书名起得不好，不可能畅销的。”

“妈妈，这张图片很奇怪，是谁PS的？”

听了孩子的话，我又仔细检查一遍，她的建议都有道理。大女儿了解了我的具体工作，对我和我的工作产生尊敬之情，不知不觉成了我的助理。

如果妈妈觉得把工作的事情告诉孩子不合适，并且因为工作对孩子怀有一颗歉疚之心，其实是剥夺了孩子尊敬自己的权利，长此以往妈妈和孩子一辈子都不能成为伙伴。其实孩子到了15岁左右，就可以成为妈妈的伙伴了，而且他们在某些方面似乎比大人更有天分，比如对潮流，他们的判断就更准确。

“授权”给小大人

第三，把孩子当大人看，不要当小孩看。你把他们当做是孩子，那他们就是孩子；你把他们视为大人，那他们就是大人。不是有15岁的孩子，为人处世却像18岁的吗？那是因为他们的父母以18岁的标准来要求他们。也就是说你“看”我多少岁，我就多少岁。不要总是认为他们还是孩子，在某种程度上可以让他们做一些略微超出年龄1～2岁的事情，我的大女儿就是个很好的例子。

有一次，儿子买了一条裤子回来，大女儿看见后很不满意，还对我说：

“妈妈，你看看弟弟买的裤子？这能穿到学校去吗？”

于是我就说“下次弟弟买裤子时，你去挑选吧”，她爽快地答应了，后来给弟弟买了一条带有链子的“新潮”牛仔裤。儿子很喜欢这条裤子，穿破了还不舍得扔。我对孩子的服饰衣着这些事情完全抛在脑后，妈妈不上心，姐姐就成了最合适照顾弟弟妹妹的人。

儿子开始长青春痘时，大女儿把家里所有长相漂亮的明星海报全部扔掉，然后带着弟弟去皮肤科看医生，因为她以前也长过青春痘，所以知道怎么处理。我反而完全不知道该怎么做。孩子们还有他们各自喜欢的牙膏和零食，每次都按照各自的喜好买。

现在我们家都是大女儿带着弟弟妹妹去超市买生活用品和零食，这对妈妈来说都不是一件轻松的事，可大女儿却做得很好。东西采购好了，她会叫一辆车，带着弟弟妹妹回来，他们觉得这是一件很有趣的事。有一天我发现他们刷卡的消费额竟然超过1500元。我问大女儿："怎么花了这么多钱？"大女儿回答我："妈妈，您去超市看看吧，现在物价有多高您知道吗？"我也发现买的都是必需品，林林总总有几十件，所以才花了这么多钱。弟弟的拖鞋破旧得不成样子了，大女儿给他买了一双。我不知道拖鞋还能不能穿了，但我知道已经买了超过2年了。

我充分"授权"给大女儿，既有利于她独立自主，又为我减少后顾之忧。大女儿生日时，我送给她一张卡片：

"你知道吗，宝贝，你就是我的贤内助。谢谢你！"

所以，不妨让孩子做一些比自己年龄大1～2岁的事情。公司里最优秀的领导就是通过"授权（Empowerment）"给下属，给他们机会做出成绩，他们才获得自信和骄傲的。我认为这种方法在家里也可行。孩子们就像我的下属一样，团结一致，共同做出成绩，提高自信心。

这么做还有一个好处．就是增进兄弟姊妹之间的感情。看到弟弟把脸对着姐姐，要姐姐帮忙挤痘痘的场景，让我非常开心。为了让家庭生活更和谐，一开始就把家里的"规矩"都制订好，我相信这对孩子也是最好的方式，所以我从来不曾后悔。如果人生再来一次，我还是会选择同样的儿女，同样的教育方式。

姐姐有话说

育儿要坚持的几个原则：

第一，把孩子培养得坚强独立，这是最重要的。

第二，让孩子爱上妈妈的工作。

第三，把孩子当大人看，不要当小孩看。

不仅要让孩子爱上妈妈的工作，还要让他尊重职场妈妈。所以你要详细地告诉孩子你的工作内容。

公司里最优秀的领导就是通过“授权”给下属，给他们机会做出成绩，他们才能获得自信和骄傲的。

我认为这种方法在家里也可行。孩子们就像我的下属一样，团结一致，共同做出成绩，提高自信心。

增值篇
Money

SAM

做金钱的主人，做自己的CFO

Money 花起来收不住，逛商场时 hold 不住，不攒钱老了怎么办？“如果没有爱，那么就要很多很多的钱”，亦舒如是说。

一个女人，没有些许钱傍身，是完全行不通的。告别“月光女神”，听从钱的声音，做个快乐的“财女”吧。

人人都想成为有钱人。

为什么大家都渴望财富讨厌贫穷呢？贫穷有什么不好呢？因为没有钱就没有自由，没有随心所欲买东西的自由，没有做自己喜欢的事情的自由。现在的社会，给你金钱就相当于给你心灵的自由。

但人的脑袋里住了个小骗子，有时会指使你做一些不好的事情。有钱的时候，它可能会诱使你去夜店，在豪华包房饮酒作乐。如果没钱，反倒不会去赌博了。但没有钱，会让你在某些时候陷入困境。所以，最重要的是在自己的收入范围内找到让自己感受幸福的方法。这才是你脑袋里真正该想的事情。

当然，人不同，想法也不同。我认识一个资产高达数十亿的朋友，他的日常生活与我们普通人无异。工作、与人交流、休闲娱乐，只是消费层次更高一些。他每餐饭常常会花费几百上千，从头到脚一身衣服首饰好几万，座驾也是顶级豪车。

但前不久这位朋友与太太一起去欧洲旅行，因为一些事情在旅途中大吵一架，于是下定决心以后再也不去欧洲了。不管多有钱，像他们这样能幸福吗？一起去旅行本来是享受快乐的，却因为一些琐事大吵大闹，心情也变得无比糟糕，这是名牌服饰也无法改变的。

相反，有的人虽然贫穷，但能找到幸福的生活方法，那是钱无法买来的。一家四口的穿着加起来不到500块，坐火车到风景秀丽的春川去吃美食，赏美景，好好玩一番。虽然没有出国，没有名牌，但他们从旅行中感受到了幸福和快乐。所以，**钱多，并不意味着生活就丰富快乐；钱少，也不意味着生活就贫乏痛苦。**

区别“真钱”和“假钱”

别人的钱不属于你，所以都是“假钱”。

“哇，去欧洲啦？好羡慕哦。”

这是“假旅行”，你能去的旅行才是“真旅行”。你能承担的衣服和食物，那才是真实的。人们因为钱变得不幸，究其原因是因为羡慕别人的钱，然后对自己的生活感到不满。

朋友的年薪，这是典型的“假钱”。自己年薪14万，朋友最近换了新工作，年薪20万。然后因为这6万的差距，对自己的工作怎么看怎么不顺眼。因为“假钱”受折磨，多么愚蠢。此外再想想，如果能多赚6万，可能会更加大手大脚地花钱。

算一算，如果一个人年薪20万，但是经常买衣服，鞋子，花费很多，一年下来存款不到3万。另一个人年薪14万，但坚持存钱，尽量少买衣服、鞋子，把钱都省下来，一年存起来大概也能有6万左右。真正有能力的人是谁？当然是年薪14万的那位。

如果对6万的差距心中不平，干脆破罐子破摔，高喊“我要买衣服”，然后一年下来结余的钱可能是负3万，留给自己的只是一张负数的存折。你挣的钱，你花的钱，你应该存下来的钱，都在你的大脑里留有真实的记录。但为“假钱”折磨自己的事并不只有这一件。

有的人结婚后租住在50平方米的低层住宅，朋友却分到一套110平方米的公寓，相比之下觉得世上就自己的家最寒酸。朋友乔迁新居邀你参观，回来后为此郁闷了一年：我们什么时候才能买一套属于自己的房子？你挣的钱，你的工作，一切都让你感觉到卑微。而这，只是不幸的开始。

“我为什么生在穷人家？”

“我如果生在豪门就好了，如果我有创业资金该多好。”

还有一些人甚至怪罪自己的父母、家庭。靠父母是有钱的一条捷径，但这些钱都是“假钱”，而且也不是你能选择的，即使努力也得不到。一辈子借别人的光热来温暖自己的人，一辈子都将陷自己于不幸中。

保持清醒的头脑，第一项原则就是将自己第一次挣到的钱视为种子。因为这是你来到世上第一次靠自己双手挣来的钱。不少人第一次工作是做兼职，时薪是20元，一天工作6小时，挣120元，那是你最初的“真钱”，以前手里的钱都是“假钱”。为什么？因为是父母给的，不是自己的钱，所以花钱完全不心疼，不是靠自己的双手挣来的钱，在自己手里也只是短暂停留一下。反正只要向父母伸手他们总会给的。

女人唯有自己快乐了，才能让身边的人快乐，才能吸引更多的快乐。

以这种方式花钱，钱越花越少，花完了又伸手要。这种人在社会上根本不可能白手起家，作出一番事业。

爱自己，更爱自己挣的钱

我也曾从“真钱”中学到很多。

高中毕业上大学，我才第一次来到首尔。当时我妈妈开了一家服装店，但生意不景气，一直艰难地维持着。为了省钱，妈妈给我在禾谷洞租了一间房子，让我自己做饭吃。妈妈给我的钱扣掉公交费、房租、买书钱、饭钱，每月只剩下不到350元。这么点钱，再多买几本书就没有了。所以那个时候买衣服，价钱是首先要考虑的因素。

我痛恨曾坪的服装店，女孩子穿上里面的衣服就都成了大妈，而且还是土气的大妈。我做梦都想买梨花女大附近卖的漂亮女装。最后实在是忍不住了，我产生了“赚钱买衣服”的想法。那时候兼职工作的时薪还不到6元，而且梨花女大附近的兼职还不好找，我费了很大工夫才找到一份。

这份兼职是烤牛肉馅饼，自从做这个工作后，我的腿每天都肿，因为从早到晚都在不到2平方米的厨房里站着，连转身都难，更不用说走一走了，每天憋在里面，逼得我快发疯了。

“受不了了，我为什么要做这个?”

脑子里不由生出疑问。那时我真正感受到了挣钱的艰难，脑袋里对挣钱有了直观的认识。可以想象妈妈为了我，挣钱该有多辛苦。真是“一分钱难倒英雄汉”啊!

为了解救我可怜的双腿，我决定去钢琴辅导班当老师，这样我就可以坐着工作了。

钱让我在苦痛中走了一遭，然后给我指明下一步往哪里走。钱能做的事情很多，除了给我们物质粮食以外，还告诉我们明天该怎么做才能更好地挣到钱。

我找到一家钢琴辅导班，开始了新工作。做了一段时间，发现有钱人的小孩都请老师到家里进行一对一辅导。仔细一算，如果我也采用这种方式，哪怕只给几个孩子做家教，也可以挣到钱。钱再一次给我启示。真正打算做家教时，我发现在首尔一个人都不认识，没有任何人脉，家长怎么会找我呢。这让我发了一阵子愁，但我始终坚信，只要心中有对钱的真诚渴望，钱就会给你指示。我后来去了一家教堂，在里面做志愿钢琴老师，每个礼拜给孩子们上课。那些带着孩子来参加过我的钢琴课的家长，后来都找我做家庭指导老师，就这样我开始做钢琴家教，学费也解决了。

某天我在教堂结识的一位朋友知道我在延世大学作曲系上学，请我去给即将参加大学艺考的准考生作指导。在当时一般准考生都请研究生作辅导，很少有请本科生的。虽然内心没底，但我还是决定试一下。最后我教的那位准考生被中央大学作曲系录取了。

因为我的授课质量有保证，在教会内渐渐有了“考试杀手”的称号。第二年教了3名学生，每个月赚的钱超过了 5000 块，就这样到大四时，我挣的钱除了交学费，还可以给 3 个弟弟零花。

到了那时，我不再为挣钱害怕了，因为我已经醒悟了。在汉堡店和辅导班的经历，让我慢慢地积累了一些挣钱的基础，这些都是通过与钱“对话”得来的。钱对我说，丢掉从妈妈那里得来的钱，并为我指明方向，让我靠自己的能力挣钱。

别人的钱除了教会你耍赖、撒谎、伸手要钱的技能，不会告诉你任何东西。我现在仍然保持与“钱”对话，它会告诉我怎样可以找到更多钱，但它只会告诉内心真诚恳切的人。

如今的社会，只有尝试过靠自己的能力挣钱的人才有可能成为真正的人才。有很多已经工作的人还向父母伸手要钱，父母每月给的钱比月薪还多，座驾比部门经理的车还豪华，虽然他们外表很风光，但真实情况只有自己知道。

向父母伸手要钱的人即使工作了，也不把工作当回事。与这类人形成鲜明对比的是工作了 15 年仍然珍惜钱的部门经理，为了孩子的学费，连花 40 元吃一顿饭都不舍得。

在头脑中铭记挣钱的历史，你不会随便花沾着自己血汗的钱，你会尊重这些钱，尊重曾经努力挣钱的自己，尊重小心花钱的每一天。抛掉对钱的不现实幻想吧，别人的就是别人的，跟你没有任何关系。爱自己的钱吧，爱沉浸着自己挣钱历史的钱。

“我不怕穷！我是精神上的巨富。”

不要再说这种话了。用自己的双手去努力吧，同时铭记自己挣钱的历程，物质上自由了，那么离精神上的巨富也不远了。

小心！钱有时真的只是个数字

对于钱，还有一个很重要的概念："单纯数字意义的钱"。"单纯数字意义的钱"也是一种"假钱"。我从20岁开始挣钱，到现在已经和钱打交道28年了，尝试过的工作也多种多样。按小时计算的兼职工资、按周计算的课外辅导费、按月计算的白领工资、自己开辅导班后挣的上课费、自己创业后获得的收益、做演讲的演讲费等，我都挣过。

挣过很多钱，当然也花了很多钱，脑袋中渐渐有了"金钱哲学"，开始明白区分"真钱"和"假钱"的概念。有些人一辈子都靠着别人给的"假钱"生活，一辈子都是"金钱学校"里的留级生，而我很骄傲，因为我是优等生。有很多人参加工作了仍然对钱很迷茫，看到这种情景我感到很惋惜。钱到底是什么，怎样才能成为金钱真正的主人，我想谈一谈这个话题。

让我们先来了解一下，为什么"单纯数字意义的钱"不是"真钱"。具有代表性的"单纯数字意义的钱"就是股票。有人把自己手中的5.5万"真钱"拿去炒股，有时股价一天就增长了30元，有时甚至60元，一个月后资产就达到了7.1万。看到多出来的1.6万元，高兴之余觉得钱已经尽在手中了。炒股赚钱如此容易，花钱也就毫不心疼。但是就在买了一个名牌包的那天，股价暴跌，你的资产一下子缩成6.3万，本来已经到手的钱就这样丢了。

看到股价下跌就想赶快脱手，但似乎又有回升的可能，就这样犹犹豫豫错过了最佳时机，股价持续下跌，一周后你的账户上只剩3.8万，不但没赚钱，反倒赔了1.7万。所以股市资产仅仅只是一个数字罢了。股评专家一直强调股价会上升，他们自己为什么不买？因为花的反正不是他们自己的钱。人们常常只关注“单纯数字意义的钱”，自己真正有多少钱，心里一点底都没有。

月薪也是我们与数字打交道的一方面。发工资那天，看到存折上多了几千块钱，心里可高兴了，但有很多人这种高兴劲维持不到一个小时，因为信用卡催账单立马就来了。

有很多人拿到薪水就和银行比谁的动作更快，薪水发到手，1 分钟之内赶快全部取出来，以免全被银行划走用去还账了。经历过的人都知道的。

“我一个月刷了这么多吗？”

拿到信用卡清单后看着一条条消费记录，心也跟着哆嗦起来。

扣掉个人所得税、保险金，还掉信用卡上个月的账，工资卡只剩下不到 1000 元。好几千的薪水都是浮云，只有剩下的 1000 元才是“真钱”。为不属于你的钱兴奋了半天，最后只觉得悲催。

“我要疯了！这个月怎么活啊？”

于是继续刷信用卡，明明知道卡里的钱还不属于你，就是控制不住。这是典型的自欺欺人。这都是因为消费习惯造成的。一辈子和“假钱”打交道的人永远不会知道什么是“真钱”。

花钱要省，攒钱要狠

我爸爸平时和蔼可亲，但一提到花销问题，他就会变得很严肃。一次爸爸过生日，我打算给爸爸 3000 元钱表示一点心意，爸爸对我说了这样一番话。

“美敬啊，虽然你和女婿两人都在工作挣钱，但不要太过骄傲。你一月挣一万四，女婿一个月也挣一万四，可像你这样大手大脚，再多钱也不够花。看看你妹妹，从小就很细心，虽然每个月只有她先生的 1 万元薪水，但她精打细算，以后肯定比你更有钱。你工作吃苦不说，孩子们也跟着吃了苦，最后一点存款都没有，那你就是个傻瓜。省着点用吧。”

那时我还住全租房，存折上没有多少存款。

“可怜的爸爸，要知道‘子欲养而亲不待’，我现在不给，什么时候给啊？”我心里想。

本来下了大决心才给爸爸一些零花钱，结果他还批评我，真是让我郁闷。

“那爸爸的意思是我不用给您零花钱吗？”

“不是这个意思。你有这份孝心，爸爸很高兴。可我知道你的想法。你想着钱花了又可以赚，但人生莫测，谁知道明天还能不能挣钱？所以，尽量现在多存一点，像恩熙一样节省着花。”

我每次想到我的妹妹恩熙，都会反思我的消费方式。恩熙想法很多，但只要事关金钱问题，都会变得很谨慎理智。本来打算给爸爸 3000 元零花钱，但钱对她说话了，“省着花”，她就会听从钱的建议，把给爸爸的零花钱减到 600 元。她是个铁公鸡，我常常说她是个“狠女人”。

但她现在成了有钱人。她把老公的薪水尽可能地存起来，买了房子，投资了股票，变成了有钱人。我对妹妹的理财才能不只是惊诧，还有佩服。

从此以后，我下定决心：“我一定要比恩熙过得更好，做不到我就是个傻瓜。”

把家庭主妇恩熙作为我的竞争对象，是因为她有节约的好习惯。恩熙的老公在现代汽车工作，她把老公的薪水尽可能储存起来，并且把一部分钱投资公司股票。现在，她老公已经在现代汽车工作了二十几年了，也算得上是“小股东”了。

我们家的收入是恩熙家的两三倍，但她开源节流，存下来的钱比我多，所以她的竞争力比我强。这是相当微妙的一件事，我花了很长时间才明白，省着花和多挣钱的竞争力是一样的，省钱也是挣钱。当然最好是多挣钱，少花钱，虽然做起来并不容易，但仍然要做。

我妹妹恩熙一直都与“真钱”打交道，她手中的钱、积攒下来的钱才是“真钱”。恩熙从小就有一套与众不同的“金钱哲学”，小时候她就有一本自己的账簿，我们只是对收到的零钱做一个简单的记录，比如玻璃珠3元，口香糖5毛。但恩熙不一样，谁都没有教过她，但她的账簿可以赶上会计水平了，和我们完全不在一个层次。花钱做了什么，什么钱不该花，花钱的理由是什么，都记得清清楚楚，从小就是个“精明”的孩子。

我们家除了妈妈，最有钱的就是恩熙。小时候突然缺钱，就会找她借，妈妈常说“恩熙啊，每次都是债主”，然后对我的借钱行为表示很生气。但恩熙不会感到不好意思，因为钱在她手里。有一天我很纳闷：妈妈给的零钱明明一样多，为什么我是借钱的那位，恩熙却是放款的那位？

我仔细观察了恩熙的花钱方式。别人买水果吃，恩熙不买。我买水果后，常常自己吃，还分给她吃，可恩熙干脆就不买也不吃，这个习惯一直保留到大学和参加工作。恩熙结婚前在大韩航空当空姐，那时每个月的工资基本上都存起来了，基本没有任何支出。她把飞行津贴都节省下来，只是到英国时买了一件巴宝莉（Burberry）大衣，存的工资一分都不动。

恩熙不知道有多节约，怕我们把她的名牌服装借去穿，一直锁在柜子里；在国外买的洗发水不想我们用，每次洗完头发就把洗发水收回自己的房间。恩熙不听从欲望的声音，也不听我们的念叨，只愿意听从钱的声音。有这个习惯，即使是小钱，恩熙也把它变成了一笔大财富。在她身上，我真的学到了很多。

理财达人高招："听钱的话"

有一次恩熙给我狠狠地上了一课。当时我打算买车，但还差点钱，就把定期存款取出来了。恩熙对此非常不理解。

"姐姐，走路去上班不行吗？坐公交上班不行吗？为什么要现在买车？等定期存款到期了，拿到利息了再买不行吗？你想过没有啊，你的钱既然已经存定期了，从那天起钱就不是你的，是银行的。"

"怎么就不是我的钱啦？"

"等3年后，存款和利息都回到你的存折上，那才是你的钱。"

这句话到现在都还在我的耳边回响。

“定期存款的钱不是我的钱。”

这件事之后，我在作决定之前，会听从钱的声音。我要和“真钱”作斗争并且赢得它，以免被“单纯数字意义的钱”骗了。我每个月拿出 60% 的月薪，也就是将 6500 元储存起来，并不断对自己说：

“这笔钱 3 年后才属于我。”

持续 3 年大概就有 25 万，再加上利息存款就更可观了。对一个工薪阶层来说，3 年攒 21 万，这并不是一件容易的事。如果不听从钱的声音肯定做不到。等定期储蓄到期后，把 21 万取出来，投资一些前景不错的股票或是基金，每个月定投 5500 元。然后重新开始定期储蓄，时间还是 3 年。

如果涨工资了，那就按照涨幅的比例，每个月拿出 7500 元储存起来，只需 3 年就可以存款 27 万，那么离 55 万也就不远了。

世界上最好的赚钱方法就是两个人一起攒钱。每个月在定期存折里存 7500 元，等攒到 21 万时就全部拿出来买基金，然后又从头开始。只需 6 年就可以攒够 55 万。有了 55 万，就可以支付房屋首付，贷款买一套公寓。买一套 100 万的公寓，自信优雅地走入属于自己的家。刚开始住在月租房，一心一意地攒钱，只花了 6 年的时间就买了属于自己的房子。如果房价上涨，那就更是稳赚不赔了。

只要你具备了精神气质的美，只要你有这样的自信，你就会拥有风度的自然之美。

除此之外，薪水是一直保持不变的吗？不是，薪水也会上涨，这样就可以存更多钱，再加上投资基金，成为百万富翁指日可待。

现在和真钱的战斗终于取得胜利了。工作 8 年后，有人存折上的资产已经超过 80 万,有的人一无所有。不仅没有养成挣钱的习惯，反倒是花钱的技术日渐熟练，成了“败家子”。这样的人能找到人嫁吗？就算嫁了也会败光老公的钱，坐吃山空。

但等自己存了 100 万～160 万时，在经济上就可以称得上是“实力派”了，因为在挣钱的过程中学到了很多道理。虽然现在月薪只有 1.6 万，但可以预见将来会成为有钱人，成为一名完美的 CFO（Chief Finance Officer)。即使钱少，但也要对自己的钱实现绝对的掌控，不需捏紧钱，也可以在金钱方面得到自由。

对钱可以自由掌控，人生就可以不必太过苛刻。没有钱，人就是金钱的奴隶；有了钱，人就是金钱的主人。还在过着奴隶生活？那就从今天开始认真听听钱对你说的话吧！

姐姐有话说

现在的社会，给你金钱就相当于给你心灵的自由。别人的钱不属于你，所以都是“假钱”。

一辈子借别人的光热来温暖自己的人，一辈子都将陷于不幸中。

钱能做的事情很多，除了给我们物质以外，还告诉我们明天该怎么做才能更好地挣到钱。

抛掉对钱的不现实幻想吧，别人的就是别人的，跟你没有任何关系。爱自己的钱吧，爱沉浸着自己挣钱历史的钱。

省着花和多挣钱的竞争力是一样的，省钱也是挣钱。当然最好是多挣钱，少花钱。

即使钱少，也要对自己的钱实现绝对的掌控，不需捏紧钱，也可以在金钱方面得到自由。

一分钱难倒英雄汉，也成就英雄汉

你是否也曾缺钱，被钱逼得快发疯了？

钱是非常正直的东西，要想得到它，必须付出点代价。

成功的人几乎都经历过被钱“为难”的窘迫生活，所以说暂时的贫穷是福。

你曾经为钱发愁到哭吗？曾经被钱逼到想死的地步吗？曾经为钱发过脾气吗？钱是非常正直的东西，正直到可憎的地步。要想得到它，必须付出点代价。而且钱有一个坏习惯，它不会在你物质丰富的时候给你上课，必定是在你无比缺乏它的时候给你点教训。

热情、挑战、韧性、傲气、勇气，这些是什么你知道吗？这些都是钱。想一想你没钱的时候，以前潜藏的能力，一瞬间都迸发出来。回想一下读书时代，马上就要期中考试了，考试前一晚，睡意全无，一下子变身超人集中全部精力复习。明天就是交作品的最后期限了，为了如期完成，此时再累也要坚持工作，赶紧加班。这就是截止日期的力量。本来懒散地过着，突然火烧眉毛了，逼得你不得不加快步伐，钱的力量正在于此，尤其是极度缺钱的时候。

“钱逼着截止日期，截止日期逼你交出作品。”

我一直都相信这个道理。前不久我看了一个名叫《膝盖道士》的谈话节目，发现不只我一个人有这种想法，演员尹汝贞也说过相同的话。

尹汝贞在搬家后重新装修，结果真实装修花费比预算超出很多。装修费原来预算是27万，结果增加这个添补那个，最后算下来快接近55万了。

但当时口袋空空如也，刚好有一个剧本给到她，她对这个剧本并不满意，因为里面有很多场“裸戏”。

“就算再缺钱，我也不会演的，绝对不会。”

说完这话，她直接把剧本扔开了。但是，在金钱面前没有“绝对”的事。给装修工程费的截止日期马上就到了，犹豫挣扎了好久，尹汝贞最后还是下定决心接下了剧本。“接吧，有什么事是不能做的？”这就是电影《风流家族》。主持人姜虎东问她如何在“脱”中展示演技，尹汝贞的回答很巧妙：

“你以为我想脱吗？装修费正等着呢，钱逼着我不得不把这部戏演好。”

不只是尹汝贞，参加《膝盖道士》的名人明星几乎都说过类似的话。小说家孔枝泳（韩国当代最著名的女作家，畅销书作家。——编者注）也曾经租单间住，还没成名前非常穷。可是有一天她发现家里米吃光了，蜂窝煤也没有了，房间冷得像地狱。之前赚的稿费已经花得分文不剩了，而交房租的日期马上就到了，就在这时，她发挥超人的威力，几乎不吃饭不睡觉，全部时间都花在写作上，就这样，韩国超级畅销书《像犀牛独角一样只身前行》诞生了。

你被钱“为难”过吗？

急需要钱的人，其不可思议的内在潜能会被激发出来，这时人会有不一般的作为。**如果没有被钱逼迫过，没有尝试过缺钱的滋味，就可能一辈子都发现不了自己的能力。**

如果从爸爸那里继承了房产置业，你可能一辈子都不会有被钱逼着的感觉，每天坐在家里收房租就行了，还有什么理由激发你去挖掘自己的潜能？然后一生的工作可能就是写写租赁合同，管理停车、物业等一些琐碎的事情，一辈子都只是一个大楼管理人罢了。

但如果没有钱，每天缺钱到快发疯的地步，那你一辈子买10栋大楼都说不定呢。钱把人放进紧迫的环境中，让人快速成长，变得懂事。有名的成功人士在教导子女时，都让他们在急迫乃至绝望中醒悟，对金钱有深刻的认识。因为成功人士相信，金钱是激发和挖掘子女潜能的最好工具。

股神沃伦·巴菲特教育子女也有自己的一套方法，他从来不会轻易给孩子零花钱，他只会在孩子急需的时候给，而且还有条件：“你把这件事做了，才给你钱。”

他不是要求子女功课好考高分，而是让他们通过自己的劳动来换钱。他会让孩子在周日把草坪修剪好，然后再给钱，他让孩子明白钱要靠自己的劳动才能得到。这样孩子自然就会认识到“要想得到钱，必须付出，而且我有挣钱的能力”。通过一些小事，沃伦·巴菲特让子女明白：哪怕只有6岁，你也有挣钱的能力。

如果想到达一个未知的世界，见识别样的风景，就要通过一段陌生的路。

沃伦·巴菲特从小就明白了挣钱的道理。6岁时，为了挣钱，他买了一箱可口可乐，进价为每瓶25美分，然后以每瓶50美分的价格卖出去。他把挣来的钱全部积攒起来，11岁开始投资股票。

通过这些经历，巴菲特知道以什么方式赚钱，他已经掌握了赚钱的精髓，所以二十几岁时就成了身家百亿美元的大富豪。从小学习领悟钱的道理，既不是一件可鄙的事，也不是悲哀的事，而是非常好的投资。如果不懂这个道理，问题才严重。

要想尽早明白这个道理，就要知道贫穷是福，困窘是福。

我有一位朋友是开皮鞋公司的，小时候家里非常贫穷，高中都没念完就到首尔来打工。当时也没有什么计划，茫然地跑到一家手工皮鞋厂，找到老板说："只要给我饭吃就行了，不管做什么都行，我会努力做的。"

得到这份工作后，他不知道比别人勤奋多少倍，经常是别人下班了，他还一个人在工厂努力做皮鞋。最后他成了皮鞋名匠，现在成了皮鞋公司的老板，向全世界出口他生产的皮鞋。

成功的人几乎都经历过被钱"为难"的窘迫生活，钱逼着他们激发内心挑战的勇气，所以他们常常说"贫穷是福"。

还有一位"贫穷的代言人"，小说家李外秀年轻时一直漂泊在外，长时间的饥饿导致他瘦得皮包骨头。可他熬过来了，现在成了韩国最受欢迎的小说家。李外秀老师常说：

"我之所以成功，80% 得益于我当年饿肚子的生活经历，我人生最好的老师就是贫穷。"

人类的历史都是从窘迫和贫穷出发的。

我也曾经被钱逼到绝望的地步。1997 年亚洲金融危机爆发后，我们家的经济状况受到严重影响。

当时我们卖掉了 100 平方的房子，重新开始租房的日子，此外还要还债，生活相当艰难。当时高利贷利息是20%～30%，那段时间只要接近还利息的日子，我觉也睡不好，经常从睡梦中惊醒。电话铃声在我耳中也不是“丁零丁零”，而是“利息利息”。

俗话说“福无双至，祸不单行”。原来经营不错的钢琴辅导班，来上课的学生也越来越少，最后只好关门。当时连生活费都成了问题，更别提还利息了，贫穷逼得我不得不思考。

“怎么办，去求爷爷告奶奶找关系，还是咬紧牙关靠自己硬撑下去？”

最终我听从内心的声音作了选择。没有钱，人就会变得很勇敢，这是我破釜沉舟背水一战的机会，想来想去还是决定写一本书出版挣稿费。

当时每个人都在问为什么会发生金融危机，该如何走出金融危机。但这个问题没人给出答案。于是我以一位30岁的家庭妇女的立场发表了一些对金融危机的看法。

写一本书，需要很大的勇气，更何况我之前没有写书的经验，上学期间参加作文比赛也没获过奖，写一本书是我之前想都不敢想的。

但我已下定决心一定要赶快挣一笔钱，所以我把全部精力都投入到写作中。没有电脑，就用笔在纸上写，从来没有写过书，我就把心中的话全部转换成文字记录下来。这本书不到20天就定稿了，可以说是超速完成，除了吃饭、睡觉，全部时间都用在写作上。

虽然写完了，可还有更困难的问题等着我。第一次写书，哪个出版社会给我出版呢？我带着手稿拜访了10多家出版社，都遭到拒绝，当时真是心灰意冷。最后还是厚着脸皮，请一位大学学长帮忙，这本书才得以出版，完全是无知者无畏。

为了拿到版税，我跟出版社签订协议，印刷费由我承担。已经成名的作者一般都由出版社付费印刷，但不知名或无名的作者一般都自费出版图书，有的最后也还是无法出版。

最后这本书总算出版了，竟然还登上了畅销榜。这本书大卖之后，我也渐渐被大家熟知，MBC电视台打电话请我去做一期关于金融危机的特辑，还以我的书名“我爱金融危机”为主题进行了3次讲演。有了一个好的开始，接下来就顺利了。当时只请名人作特辑的KBS电视台也向我发出了邀请函，当时我觉得无比荣幸，因为从来没有想过自己也能参加这个节目。

参加完KBS电视台的节目后，各种邀请像雪花般向我飘来，电话都快被打爆了。那时我没有自己的公司，也没有秘书，于是我每个月花上千块钱请管理公司处理行程安排，并为我安排秘书。

从那时起，我每个月的演讲时间是100～120小时，几乎占据了我全部精力。每天我要作5次演讲，每次要持续2个小时。不仅如此，我还要不停变换场所，从首尔到大田，天安，龙仁，水原，行程总是满满的。

因为急切需要钱，我连差旅费都尽力省下来。做一次演讲330元，一天下来6场的话就是1980元。虽然公司会另外报销差旅费，但我也不想浪费。所以我每天都自己开车去演讲，一个月下来里程数达到了6000到7000公里，相当于一个出租车司机的水准了。

当时大家给我取了个外号——“女超人”，因为男人都不一定能做到的，我却做到了。

大部分人做完类似高强度的演讲后都会筋疲力尽，瘫倒在车里，但我却仍然神采奕奕，两眼冒光。有时候一天甚至可以赚到5500元演讲费，这让我高兴得恨不得飞到天上去。就这样坚持了五六年，把债还完了，实现了我在《我爱金融危机》中的预言。

自出生以来经历的第一段苦难，能让你学到很多东西。一个月做100小时演讲，既巩固了我的实力，又锻炼了我的体力。现在我一年会出几本书，但如果当初没有被钱逼急了的话，我也许永远都不会迈出写作的第一步，也不能参加电视台节目。

诚信求实是很重要的一条职场生存智慧。若为了工资而工作，不但对老板是一种伤害，长期下去也是一种对自己生命的摧毁。

我常常想，如果没有当年的金融危机，也许就不会有今天的我。如果你现在因为钱感到累，那就把贫穷和苦累当做一次机会，因为“天将降大任于斯人也，必先苦其心志，劳其筋骨”。所以不要因为缺钱哭泣，而是要努力创造一个物质丰富的未来。

“不向金钱低头的妈妈最棒”

最近我常去一家化妆品公司给员工作培训，公司有500 ~ 600名员工，几乎全部都是女性，而且大部分都是介于30 ~ 60岁的已婚女性。很多女员工还是结婚后重回职场的，但让她们回来工作的原因却也不一样。

有人是为了“散心”，心情愉快地回到职场的。

“在家里实在无聊，工作既可以让我们和外界交流，不与社会脱节，每个月还能挣2000块，何乐而不为呢？”

但有这种想法的人绝对不可能多挣1分钱。因为只要肯努力，就不会只挣2000块。在家时想要钱，只要向老公伸手就可以了，但社会上不存在这么善良的男人。什么事情要做就做到最好，要么就别做。不尽心尽力工作，老板一分钱薪水都不会多给，这就是钱的规矩。

还有人回来工作是为了挣生活费，有人为了交孩子的课外辅导费，有人为了攒养老费等。但是最渴求这份工作的是那些男人失业，或者家里马上就揭不开锅的女性。我曾经问公司的管理层，“什么样的人工作做得最好？”果然是最后那一类人。我们国家没有垮掉的一个原因就在于有这些勇敢坚强的妈妈们。因为有这些家境不济而不得不走上社会的妈妈们，才有了我们今天的生活。

如果急需钱，这个家庭必定是双职工，丈夫和妻子都工作挣钱。其中有一部分女性是因为丈夫遇到了困难，妻子不得不出来挑大梁。但也有一些女性，丈夫如果能挣钱，她就在家里好好看孩子；如果丈夫没有挣到钱，就整天在家发牢骚。

这样的女人，即使钱就在手边，她们也抓不住。钱也会挑人的，它怎么会愿意跟着讨厌自己的人呢？它只愿意亲近真诚祈祷并且为自己花费心思的人。

妈妈们在家里待习惯了，突然重新走上社会，连怎么给客户打电话都不知道。领导让这些中年女性学习产品说明书，有一部分女性由于看不懂而开始打瞌睡。但其中也不乏努力坚持积极学习的人。

钱逼得这些妈妈不得不尝试自己从未做过的事情，不得不快速成长。我的妈妈也常对我们姊妹说这些话：

“买东西不会使人变聪明，只有卖东西才能使人变得机智。”

我在化妆品公司作演讲时曾经给这些妈妈们提出以下建议：

“向认识的人推销东西所受的限制太大，要想更广泛地宣传产品，就需要磨炼技术，还要学习化妆品和皮肤的相关知识。开通自己的博客、Twitter，然后写一写文字，把自己当做一名企业家来宣传。”

但还是有人听不进去，连博客和 Twitter 是什么都不知道。很多做了妈妈的人似乎都这样，孩子用智能手机，老公用 Iphone，自己用的却是功能最简单的电话，这样怎么可能接触到博客和 Twitter 呢。但在听了我的话之后，这些女性认识到自己已经与社会严重脱节了，于是我邀请她们去看我的博客，给我留言。有的妈妈真的做到了，虽然一条留言，她们可能要花 10 分钟才能打完。60 岁的阿姨们这样写道：

人生最精彩的时刻不是实现梦想的瞬间，而是坚持梦想的过程。

“金老师，我太感谢你了。”

“按照你说的，我真的做到了。”

“我也开通博客了。”

她们虚心向孩子请教，学习开通博客，发表博文，把自己对化妆品、护肤品的看法都写成博文。过了几个月，有人也会用Twitter了。生活在金钱的世界里，你会尝试很多以前从未想过的事情，这就是金钱的力量。金钱让妈妈们走上社会，变得坚强，我曾经亲身感受过这一点。

坚强的妈妈是绝对不会向金钱低头的。我的妈妈就是一个杰出的代表。妈妈为了钱几乎没有过过一天舒心日子，靠曾坪13平方米的服装店，把5个孩子拉扯长大，把一家人的生活打理得妥妥帖帖。

“妈妈，我想去留学。”

“妈妈，我要读研究生。”

面对孩子们的要求，妈妈总是默默地全力支持我们。她的小店也曾经差点关门倒闭，但在关门前夕，妈妈还是发挥她的聪明才智撑过去了。60岁时，我们一致劝她退休：

“妈妈，现在不要那么辛苦地开店了，我们会给您零花钱的。”

“好吧，那就歇歇吧。”

于是妈妈终于关掉了经营40年的服装店，每天白天去教会做做弥撒，晚上和爸爸一起吃点水果，过起了清闲的生活。可只有爸爸一人陪伴左右，感觉有点孤单。这样的生活过了不到 1 年，妈妈给我打电话了：

“美敬，我要重新开服装店。”

“妈妈，怎么了？没有零花钱了吗？”

“不是，我在电视上看到说人的平均寿命已经达到了 90 岁，现在我才 60 岁，还有 30 年时间。假如我一个月花 2000，30 年就要花掉 72 万，我现在没有这笔钱，为了你们的学业，我挣的钱都花出去了，我和你爸爸将来吃什么？所以要从现在起重新挣钱。”

“我给你不行吗？”

“我是你们的孩子吗？我是你们的妈妈。”

于是服装店又重新开业了。我心里暗自嘀咕：

“村里阿姨们的钱包又要瘪了。”

阿姨们喜欢在我家服装店分期付款买衣服，1 年前关门的时候才好不容易把钱还清了，现在又开张……

妈妈又持续做了 10 年生意，到 70 岁时才关门，当时她把存折给我看，我大吃一惊：

“妈妈，您怎么攒下这么多钱？”

“夏天卖了一批衬衫，赚了 5500 块；冬天卖大衣，一个月可以攒下 21000 元。女儿呀，我现在才明白，人老了，才能挣到钱。”

“为什么这么说？”

“40 岁前赚的都不是钱，是纸。全被你们花光了。”

俗话说，养育子女时钱包都是两边敞着的，往往是一边进一边出，有时候花得比挣得还多。但过了60岁，子女都不会再找父母要钱了，反而会给父母零花钱。

妈妈工作到70岁才退休，我颇有感触。妈妈工作到70岁，那我应该工作到80岁，因为她从20岁就开始工作挣钱了。在挣钱的过程中，妈妈成长为一个坚强的女人，坚强的妈妈，然后是坚强的奶奶，以一颗坚韧的心坦坦荡荡地走过一生。

我们在妈妈身边时总是感觉到很踏实，很安心。虽然爸爸一分钱都挣不到，有时还欠下债务，但只要有妈妈在，我们都不会害怕，因为我们坚信妈妈能克服一切困难，解决所有问题。妈妈从来都不会在金钱面前胆怯或者低头。但有一些妈妈，从来都没有努力过，就直接向金钱投降了。有女人看到老公事业破产了，就赶快收拾包裹逃跑，也有女人因为老公挣不到钱而喋喋不休，甚至在孩子面前哭哭啼啼。

为什么这么轻易就向钱低下了你高贵的头颅？在竞争激烈的社会上，妈妈低下了头，等于整个家庭低下了头。为什么要让优秀的孩子跟你一起低头？无论何时妈妈都应该是在金钱面前堂堂正正，挺直胸膛的人呀。

现在有很多男人不能独自挑起家中的大梁，所以夫妻两人都要工作，有些女人就觉得自己很可怜，每天都在自嘲和自怜中度过。

“我的朋友们这个时间都在商场血拼呢，我却在辛辛苦苦地上班挣钱？”

为什么要有这种想法呢？妈妈在金钱面前表现得强势，无论什么情况都不会轻易低头。只有妈妈能在社会上立于不败之地，整个家庭才能骄傲面对社会。

“不向金钱低头的妈妈最棒。”把口号大声喊出来，挺胸抬头，走向职场。

姐姐有话说

生活在金钱的世界里，你会尝试很多以前从未想过的事情，这就是金钱的力量。

钱是非常正直的东西，正直到可憎的地步。要想得到它，必须付出点代价。而且钱有一个坏习惯，它不会在你物质丰富的时候给你上课，必定是在你无比缺乏它的时候给你点教训。

如果你现在因为钱感到累，那就把贫穷和苦累当做一次机会，因为“天将降大任于斯人也，必先苦其心志，劳其筋骨”。所以不要因为缺钱而哭泣，而是要努力创造一个物质丰富的未来。

最好的投资是投资自己

外貌也是一种竞争力，女人的“门面”和内涵一样重要。

世界上最好的投资项目就是你自己，不断给自己投资，使自己成为一栋摩天大楼，一生都可以从自己身上收租。

有品位的女人买珠宝、名牌，但更有品位的女人懂得将自己变为珠宝、名牌。

“世界上最好的投资项目是什么，请推荐一个。”

有人问股神沃伦·巴菲特，巴菲特这样回答他：

“最好的投资项目就是自己。”

投资自己，是最安全的投资，是最公平的投资，也是绝对没有损失的投资，只要时间长就可以看到收益。我完全同意沃伦·巴菲特的看法，因为我按照他的说法去做了，并且尝到了甜头。

对自己进行投资，首先要从内心认定你就是最好的投资对象。人们一辈子都在寻找投资对象、投资项目，却认识不到自己就是最好的投资对象。首先，对自己投资是安全稳定的，你不会轻易给自己撤资，把自己卖掉。投资股市是把钱交给你不认识的人打理，因为这是对未来的投资，所以内心肯定会不安；而且，对于所投公司的管理层能力和经营方式到底怎么样，也不完全了解。

假如公司的CEO身体状况突然急剧转下，又或者公司经营散漫，你的钱就很可能会打水漂。但很多人仍然愿意听别人的建议，把钱交给别人打理。

但如果对自己进行投资，就没有这方面的困扰。我会怎么做，没有人比我更清楚。我明天做什么，5年后又付出哪些努力，赚多少钱，自己心里都有底。这是绝对安全的投资。

但对于有些人而言，投资自己是最不可靠的投资，他们对自己的评价还不如一只股票高。为什么宁愿投资1000元到股市，却不愿意花一分钱在自己身上？虽然每个人在刚开始时都是一只不能上市的股票，但只要愿意投资，一定会变为成长股、潜力股、蓝筹股，最后成为绩优股。如果没有对自己进行投资，那肯定不会成为绩优股。要想成为绩优股，投资势在必行。

自我投资要趁早、要坚持

想想对子女的培养吧。想要孩子成龙成凤，不是一时半会就能达到的，但家长们从三四岁就开始对孩子投资，希望他们将来能够出人头地。但没有人在25岁时就能成为绩优股。如果有，那也只是“伪蓝筹股”。虽然一上市时就很风光，但终究会被金融监督机构揭发。从出生到25岁是投资的第一阶段，而且这一阶段的投资不是你直接投资，主要由我们的父母作为代理人进行。

如果第一阶段的投资失败了也不要失望，在25岁之后的第二阶段还可以挽回。从进入职场开始，就进入第二阶段的投资了。在这一阶段，人际关系、专业性、发展趋势、时事、文化、社会等都是不得不考虑的问题。此时把钱投资在哪里就看投资者的眼光了。

这样不断对自己进行投资，到40岁左右就能成长为蓝筹股，50岁就上升为绩优股。看看三星、浦项制铁公司POSCO（全球最大的钢铁制造厂商之一。——编者注）的股票，这些股票基本不会跌，而且股价非常高，因为他们已经是绩优股，而且可以一直维持下去。为了让自己成为绩优股，我们需要对自身进行投资。

“最好的投资是投资自己。”

别再犹豫，坚定信念，相信自己。但是具体投资多少最好呢？拿出薪水的 10% 投资就可以了。月薪 5500 就投资 550 元，月薪 11000 就投资 1100，5.5 万就投资 5500。这是一项长期投资，所以每次只需 10% 就足够了。一次大量投入并不会获得巨大收益，这是沃伦·巴菲特的投资原则之一。他既有发掘绩优股的眼光，又有足够的耐心等待，他一生都不断强调这两点是成功投资的基本。

问题是每个月拿出薪水的 10% 进行投资并不是一件易事。也许几个月很容易坚持，但是坚持 10 年、20 年的人却很少。人们总是把钱花在了当时急需要钱的事情上，对自己的投资总是一推再推。这时就需要一个确定先后顺序的方法。

每个人都曾经碰到过回家后发现家里停电的状况吧，因为你不知道什么时候会停电，所以没有及时缴纳电费。但如果有一张《电费缴费通知单》贴在门上，“请在某月某日前及时交费，以免造成欠费停电，敬请谅解”，这时你就会赶紧把通知单揭下来，第二天赶快把电费交上。如果有人可以提前给我们一些这种类似的警告该多好。

美丽使你引起别人的注意，睿智使你得到别人的赏识，而魅力却使你难以被人忘记。

“如果今年不掌握英语的话，所有工作都会中断，敬请谅解。”

因为没有这样的警告通知书，所以我们总是对时间毫不在意。3 个月，4 个月，一晃 20 年就过去了。对自己进行投资固然很好，但不投资也不会出大问题，有这种想法的人，一辈子都不会对自己进行投资。但如果想着，我在某期限内不拿出钱用于自我开发的话，就会罚交“开发滞纳金”，而且职业生涯也会就此完蛋，发工资的那天就会赶快一分不差地交上用于投资自己的钱。

一年两年，不知不觉中，“开发滞纳金”所带来的业绩会大幅提升，自己也由潜力股渐渐成长为绩优股。如果没有对自己进行投资，是绝对不可能成长为绩优股的。随着年龄增长，有的连现状都不能维持，价值甚至成为负值。

创造一生获利的“自我利息系统”

投资自己，还有一个好处，那就是可以遇见不同的自己。很多人都讨厌上英语辅导班，出勤率有时不到 50%。但如果我们忍着对辅导班的厌恶，坚持去上课，然后从英语初级到中级，最后高级，熟练掌握，讲英语能像讲母语一样顺利流畅，是不是很为自己骄傲？还有比看到自己日臻完美更让人兴奋激动的事情吗？靠自我投资，实现完美变身，对自己、对未来也会更有信心。

“相信自己，只要投资就可以达到我想要的。”

如果怀着这种信念，对自身的投资金额也会不断增加，也许不知不觉中投资金额已经由原来的 10% 增加到 20%。这样也能挣到更多钱了，这是良性循环，所以现在开始要追加投资，把每月薪水的20% 投资给自己。我从40 岁开始就把投资金额追加到以前的2倍，投资跟收益是紧密相连的，每一年都会不同。更重要的是在花钱的过程中发掘自己，认识自己。有人会问，只要我投资了就一定会获利吗？不会有损失吗？姐姐告诉你们，绝对不要怀疑。

投资股票还有一点很重要，那就是信念和信任。如果反复投资，撤资，最终只会一塌糊涂。相信自己，并且选定就不再改变，这样你会看到一个不断变得强大的自己。

“开发滞纳金”能推动我们创造的最好的作品就是“自我利息系统”，把自己打造成一栋大楼，然后坐等利息就可以了。很多工薪阶层到了一定年纪后，都梦想着能有一栋房子，每天坐等租金和利息过日子就行啦。

“建一栋 3 层小楼，一个月收 27000 到 32000 的月租，时不时出去旅行，偶尔打打高尔夫球，这样的日子真是惬意。”

但这只是梦想，不可能每个人都有一栋楼。更何况如果管理不善还有可能把钱全部赔光。如果是这样，还不如把自己培养成一栋大楼。沃伦·巴菲特不断给自己投资，使自己成为一栋摩天大楼，一生都可以从自己身上收租。

刚开始做演讲时，我大概可以被看做一只集装箱，但我从不懈怠地坚持投资，现在我已经成长为一栋 2 层高的楼，我打算从今年起再次提高投资金额。

我现在对自己的投资结果和状态很满意，我确信给自己投资是绝对没有损失且收益率最高的投资。所以我会持续给自己投资，一直到 60 岁。到那时候我大概就是一栋 30 层的大楼了吧。

但有人估计会反驳：

“30 层？只有金老师才能做到吧。”

但我的 30 岁与各位没有任何不同，既没有钱，也没有名。我与各位不同的地方在于我始终相信自己，所以我毫不吝惜地对自己进行投资，虽然有时收益不是很好，但我仍然相信自己，并且不断自我鼓励，对未来的自己也给予极大的期待。

想想现在的你，是不是正在变成一间破旧不堪的仓库？记住，能把你打造成为摩天大楼的只有一个人，那就是你。

外貌也是资产，请认真打理

每当公司招了新同事，我都会关注他们的变化，看到他们成长进步我都感到很高兴。工作能力有所提高当然是最基本的，但看到以前没有男朋友的交了男朋友，我很高兴；以前的“工作狂”有了一些业余爱好，我也很高兴；以前很吝惜钱的同事现在一个月去欣赏一次歌剧或听一场演唱会，我很高兴；以前长得胖乎乎的自卑女孩现在减了肥，每天愉快地享受生活，我也很高兴。

前不久，公司来了一个新同事，不管看见谁都怯生生的。衣着比较土气，鞋子和衣服完全不搭，头饰也很奇怪，让整体失去了平衡，看着很别扭。但担心会伤害她的自尊心，我们什么都没有说。可公司经常有客户来拜访，也时常需要到外面参加一些会议。

这个同事也意识到自己衣着打扮确实不得体，就在网上买了一套衣服，结果却有点小。前面有两颗扣子似乎马上就要崩掉，袖子和腰部分也紧紧地箍着，完全没有穿出衣服应有的味道。同事认为衣服有点奇怪，但我们都觉得衣服没有任何问题。

有一次我们一起去参加会议，碰到了一个跟她穿一样衣服的女孩子，这对她来说有多尴尬啊。而且那个女孩子身材苗条，走路似风摆杨柳，仪态轻盈，而这个同事是体重超过80公斤的“重量级”人物，漂亮衣服穿在身上能好看吗?

“我妈妈说女孩子稍微丰满一点好看。”

同事用这个理由为自己开解，妈妈说这样比较好。可全世界所有妈妈都这样，裙子稍微短一点就唠叨起来，工作累一点，就说不要太操心。可她没有意识到这一点，还按照50岁妈妈的标准生活。

同事原本是性格开朗的人，但比较胆怯，不敢在别人面前说话。比起外出参加会议或和客户见面，她宁愿选择待在办公室。如果必须出去，她心里也很忐忑不安。看到别人穿着漂亮的衣服，她就斜着眼看。但周围的人怕伤害到她，都闭口不提，从不说一句减肥的话。

对于30岁女人而言，肥胖就是病。腿肿，血液循环减慢，无论睡多少觉都不能解乏，为此压力越来越大，恶性循环导致继续增肥。有一天，这个同事说称体重时发现自己又重了2公斤，大家都很惊讶。

她自己也不想一直这个样子，有一天突然下定决心减肥。我们听到也是半信半疑，但看她的表情，好像很认真。于是每个人都拿出50块，赌她减肥能不能成功，如果成功，钱就归她，大家一致支持她减肥。

刚开始两天，她肚子饿得受不了，走路都没力气，只要看到吃的就忍不住流口水。但坚持了4天，看到什么吃的都能熟视无睹了：

“我没问题，你们请吃好。”

以前老是喊胃疼，饮食不规律，常常睡觉前才吃，吃完就睡。但坚持一周后，胃没那么难受了，人也变漂亮了，一周就减掉了 5 公斤。

同事就像漏了气的气球一样很快就瘦了下来，人也变得清爽了。她达到了预期的结果，感受到了减肥成功的喜悦，对自己的未来添了不少自信，也更加憧憬。怀着期待，一个月后果然发现，自己美得让人心动。

最终，同事减掉了 20 公斤，减肥成功的她也越来越美。现在她开始关注衣着打扮，以前看到漂亮的衣服都只能看看，现在可以穿上了，外出也渐渐频繁。以前大家说给她介绍男朋友，她总是二话不说就拒绝，推说还不想找男朋友。现在呢？丢掉了 20 公斤肉，穿上牛仔裤，和男人约会去啦。

减肥成功的“狠”女人，没事能难倒她

同事减肥成功了，会给公司带来什么影响？她会更努力工作，因为工作也需要愉快的心情。过去只要一看镜子，心情不觉就灰暗了。但现在看着镜子，自己都偷笑。对自己有自信，不再自卑，所以每天都有好心情。

心中有自卑感，无论表面看起来多自信都没用。但这个同事靠自己努力，摆脱了自卑感，让大家对她有了崭新的认识：

“哇，你真是了不起啊，有恒心，有毅力。”

听到别人的称赞，她心里更高兴了。世界上最难的事有两件——男人戒烟和女人减肥。如果最难的事都成功了，那么你就算得上“狠”了；如果你减掉了20公斤而不是5公斤，那么你以后将战无不胜。

虽然同事只是减肥成功了，但她收获了许多。首先是有了相信自己能行的信心。命令自己不吃，就真的能做到不吃，能说到做到，不就是信任自己吗？

“不管什么我都能做到，我一定会遵守诺言。”

其次是通过减肥收获了坚韧和执著。没有一颗执著的心，是不可能减肥成功的，这场自己挑战自己的游戏也只能以失败告终。很多女人之所以减肥失败就是因为没有一颗执著的心。

嘴里喊着“我要减肥”，但食物一放到面前，马上改口：

“今天是最后一次了，我从明天开始减肥。”

然后明天也这样说，结果一辈子都瘦不了。每天早上为穿不上去年买的衣服而伤心；别人和自己撞衫了，而且穿着比自己漂亮，心里很郁闷；照镜子时看着憔悴的自己，心中泛起一阵阵厌恶感。

在不伤害身体健康的前提下减肥，可以抛掉自卑，并自信地投入到工作中。不知不觉中，你不仅能减肥成功，还能收获自信、信任、执著、坚韧。所以这个游戏值得一试。

这个同事最近也在网上购物了，当她也可以穿上秀气小巧的衣服时，喜悦之情溢于言表。不久前，她还买了很多S号的衣服，放在自己面前，督促自己一定要减到能穿S号衣服为止。看着她闪耀着光芒的眼睛，我知道她肯定能再次成功。

每个人感到自卑的原因都不相同。因为胖而自卑的人去减肥，因为生得丑而自卑的人去整容。我并不反对整容，虽然自然才是最美的，但让自己看着满意，让别人看着舒心，不是能让生活更美好吗？

虽然最近报纸上经常报导整容产生副作用的事件，但大部分人还是对整容结果比较满意放心。我对自己的鼻子感到不满意，没有必要一辈子为了这点问题受折磨，抬不起头。用3年时间努力存钱，然后去做手术，一次就解决了。但千万不要伸手向妈妈要钱。

有一位同事一只眼睛有点小，但她胆子小，一直不敢去做手术，但又因此苦恼不已。最终下定决心去做双眼皮手术，刚做完时眼睛肿得很厉害，但一两个月后眼睛就变得非常漂亮了，新交的男朋友都夸她的眼睛。她也非常高兴，认为做手术花掉的16000元物有所值。

不向父母伸手要钱，靠自己的努力甩掉自卑感，这样的30岁女人是多么让人钦佩。

姐姐有话说

人们一辈子都在寻找投资对象、投资项目，却认识不到自己就是最好的投资对象。

“相信自己，只要投资就可以达到我想要的。”

投资股票还有一点很重要，那就是信念和信任。如果反复投资，撤资，最终只会一塌糊涂。相信自己，并且选定就不再改变，那么你会看到一个不断变得强大的自己。

在不伤害身体健康的前提下减肥，可以抛掉自卑，并自信地投入到工作中。不知不觉中，你不仅能减肥成功，还能收获自信、信任、执著、坚韧。所以值得一试。

旅行：给自己的最好礼物

你是不是也曾有远离枯燥的生活，立刻出发去旅行的冲动？

可不是没有钱，就是没时间？

为自己准备一个“旅行存折”吧，偶尔和自己去旅行，到别处感受新奇的风情，享受独处时光。

“远离城市的喧嚣繁华，出发旅行去吧。”

这是很久以前风靡一时的咖啡广告。看了广告之后，大家都恨不得能马上出发去旅行。有钱可以立刻订机票出发，可如果没钱就不能了。而且旅行并不是只要有钱就可以了，还需要时间。

说一百遍“我们去旅行好吗”或者“要是能去欧洲旅行就好了，哪怕去东南亚游一圈也不错”，结果一次都没去过。知道是什么原因吗？就是因为往往只在嘴上说一说，却从来不制订任何计划。

旅行最需要的就是时间和金钱，时间排第一，金钱排第二，两者兼具才可能出去旅行。虽然一个人也可以去旅行，但若能和心灵相契的人一起去不是更好吗？如果两者一个都不具备，旅行只能是一个梦。

职场生活最精彩的部分是什么？就是旅行。旅行不是“有机会就去”而是“一定要去”，至少一年要出去旅行一次。这种旅行不是和老公一起进行的甜蜜之旅，而是发现和确定自己是女人的探索之旅。如果和老公孩子一起出去旅行，那么你只能肯定自己是一位母亲。本来想四处观光，结果孩子要尿尿；想拍下美景，孩子又突然肚子疼。只要孩子有一点头疼脑热，旅行肯定马上结束，甚至还得洗老公的臭袜子，这算什么旅行。

是的，家庭旅行必不可少，但我希望 30 岁的女性能独自一个人出发，或和朋友一起，进行一次能忘记自己已婚身份的充满新鲜感的旅行。有人会问，如何获得老公许可？

这个问题请大家酌情处理，不用来问我。不管是去之前吵一架，还是旅行归来打一场，总归会有一个结果。难不成去旅行的话就要离婚吗？虽然也可能发生，但如果真是这样，这样的老公是否还要，值得好好反思一下。

去远方，邂逅未知的自己

每天过枯燥的职场生活，一年下来就会有进入死胡同的感觉，持续几年甚至会让人感觉喘不过气来。照顾孩子、给老公做饭、上班，我为什么要做这么多事情，都快疯了。虽然心里不满，但还是坚持着。你不是为了把自己逼疯才挣钱，你是为了让自己活得更好才如此辛苦，所以不要忘了补偿自己。

这个补偿就是一年去旅行一次。当然我们需要作一些准备，比如说拿出薪水的 10% 或者一个月拿出 550 元存起来，做一个“旅行存折”，无论发生什么事情，都不能挪动“旅行存折”的钱。

如果有一天，一位朋友对你说“我打算去旅行，一起去吗？”而你却回答，“我没钱，你借给我就去。”这样的话能说得出口吗？旅行能用借来的钱去吗？所以一定要提前攒钱。为此我们需要一个实施方案。挪出一部分工资存起来，来一场为期 8 天的旅行。

然后，你就可以在接下来的一年里对这场旅行充满期待，只要和准备一起去旅行的朋友聚会，就不由自主地讲起期待之旅：

“西班牙真的好棒。”

“这次去我们不要跟团了，制订路线自由行吧。”

“我们看看哪里有跳蚤市场，这次去淘点宝贝。”

和朋友一起为旅行提前作好计划，光想想就让人心驰神往，激动不已。而且往往准备购物清单都要花几个月的时间，因为可以在免税店购物。之前只能看看的高级化妆品，别人拎着的让人艳羡的名牌包，都可以在免税店以打折价购买，能不让人高兴吗？这种高兴只有在旅行时才能感受到。

虽然没有人可以回到过去重新出发，但每个人都可以把握现在创造新的未来。

能找到一间物美价廉的酒店也值得高兴。在网上搜索酒店，然后直接电话预定，要花费一些时间才能搞定。老公在一边看着，说不定还时不时冒点酸水：

“听说西班牙的男人都很帅……”

听到这话，仿佛有一种回到过去的感觉，似乎是还没结婚的时候，男朋友怕你被别的男人抢走。不知不觉一年就悄悄溜走了，西班牙之行就在眼前。

和同事也会时不时聊起这次出行，总有人问“这个月就去吗”，气氛是如此融洽，让人心情大好，大家都羡慕得不得了。

旅行的意义在于，去一个你从未去过的地方，邂逅一个从未见过的自己，那是从未旅行过的人无法体会的。旅行是如此珍贵，又是如此新奇，在异国他乡的酒店品尝美食，体验文化与心灵的撞击，这是多么有意思的经历啊。人生如果只是在相同的酒吧和相同的人聊着一成不变的内容，该是何其乏味。所以旅行，势在必行。

背上空行囊，出发吧

要想在旅途中发现一个不一样的自己，要注意几点。

第一，将行李最少化。必需品可以在当地买。日本人到韩国来旅行时旅行包都是瘪瘪的，需要什么就去明洞买，那里可以买到一双 10 元的人字拖，走的时候就扔掉。

如果去西班牙，买一双具有当地特色的人字拖，多有意思啊。旅行不是带着重重的包袱去，而是背着空包去，把值得珍藏的、可以唤起美好回忆的东西带回来。

"我在西班牙的小市场看到一个老爷爷吹着笛子卖 T 恤，很多西班牙人都喜欢穿，即便是在踢足球的时候。所以我也买了几件回来送给你们。"

解开行李后就有讲不完的故事。每一件东西都有自己的故事。旅行的乐趣就是讲故事。旅行的回忆可以是一辈子讲不完的故事。

第二，不要带食品。有很多人外出旅行，担心吃不惯当地的食品，还自己从家里带食物。我真的很无语。把散发着气味的辣椒酱和大酱放在家里吧。为什么去旅行？不就是为了接触新鲜事物吗，当然也包括品尝不同的美食。旅行不是为了去吃江原道的手工豆腐，束草市的鱿鱼米肠。每个地方都有当地与众不同的食物，去西班牙当然不能错过海鲜饭。

假设西班牙人到韩国旅行，也带着他们的香薰料，每天在房间里做西班牙料理吃，算是什么旅行？没有探险的旅行能称为旅行吗？对于饮食我们也要抱着一颗探险的心。陌生的地方、挑战、冒险，这才是旅行该有的成分。

不忘旅行战利品

第三，培养旅行写日记的习惯。每到一个地方，我都会买当地的邮票和明信片，贴在日记本里，然后在旁边写下一些旅行的感悟和感受。这就是旅行的战利品，当我忘记的时候拿出来看一看，似乎又回到了当时当日。

旅行的战利品数不胜数，似乎很难下结论。可以买到不用交税的名牌商品，可以体会到异国风情。回来后可以把日记给孩子和老公一起分享，一起回味当时的美好故事。

第四，旅行归来一定不要忘了老公的礼物。如果忘了，估计下次再想旅行就没那么容易了。给老公买礼物，我是深有体会的，一定要买，而且一定要买贵的好的。每次我回来，老公一定会幼稚地跑过来问：

“老婆，你给我买什么了？”

“我买了一双 30 元的凉鞋，可走起路来脚很疼。但给老公买的是手工艺人一针一线缝制的真皮皮鞋。”

于是老公就原谅我抛下他，独自旅行。如果我买更好的东西，下次他还会送我去旅行。应该适当地给予别人一些好处。

最后一点，旅行时，花钱一定要适度。旅行时过于兴奋，买衣服刷卡一点不心疼，回去后一看账单后悔不已，这种情况屡见不鲜。事后责怪自己“我真是晕头了”“我再也不去了”，事实上也就只是今年不去了，明年还是会出发，因为明年的旅行会更有趣。一年又一年，旅行只会变得越来越有趣。用节省一年的钱，把自己置身于一个完全不同的地方，体验一次完全不同的生活，就好像给自己充了一次电，而且这次充电能维持一年。在回韩国的飞机上已经定了下次旅行的目标——“明年一定要去芬兰”。但是，旅行时购物一定要保持冷静。

一次都没有外出旅行的人一辈子都不会迈出这一步；但是旅行过一次的人，马上会有勇气去第二次。所以旅行最重要的就是出发，去一个陌生的地方。但这之前不要忘了“旅行存折”哟！

姐姐有话说

职场生活最精彩的部分是什么？就是旅行。旅行不是“有机会就去”而是“一定要去”，至少一年要出去旅行一次。

你不是为了把自己逼疯才挣钱，你是为了让自己活得更好才如此辛苦。所以不要忘了补偿自己。

旅行的意义在于，去一个你从未去过的地方，邂逅一次从未见过的自己，那是从未旅行过的人无法体会的。旅行是如此珍贵，又是如此新奇，在异国他乡的酒店品尝美食，体验文化与心灵的撞击。

要想在旅途中发现一个不一样的自己，要注意几点。首先，将行李最少化；第二，不要带食品；第三，培养旅行写日记的习惯；第四，旅行归来一定不要忘了老公的礼物；最后一点，旅行时，花钱一定要适度。

Happiness is Now Here
It is Time to Start......

Happiness

想超越现在的自己，
那就点燃你的热情吧。
越是深爱自己，
热情就越浓烈。

Happiness

工作的时候认真工作，休息的时候尽情休息。
扔掉工作的想法，
让身心彻底放松。

Happiness

梦想有多远，世界就有多大。
不敢做梦的人，将会一事无成。
那么，你的梦想是什么呢？

Happiness

尺有所短，寸有所长。
只有取长补短，
才能超越他人，不断进步。

Happiness

世界是一本写满各种挑战记录的书，
平时憧憬的事情，请一定要大胆地尝试！
“挑战无极限！”

Happiness

心病的根源在于你作出的选择，
请仔细想想为什么会痛苦会不幸？
答案就在你的心里。

Happiness

对你身边的人，
请先向他们报以微笑吧。
也许你们会成为一生的挚友!

Happiness
面对新的开始不知所措时，
请看看明早喷薄而出的朝阳吧！
当你在心底呐喊“我一定会成功”时，
你就已经是一位成功者了。

Happiness

所谓变化就是以新代旧，
以陌生取代熟悉。
让我们用心去感受随之而来的变化吧。

Happiness

不要置受伤的心于不顾，
请深深地吸气、吐气，
集中全部精力呼吸，
在某个瞬间，你会感到伤口已经治愈。

Happiness

毫无目的的储蓄只会让你的心灵和希望变得卑微，
所有的一切只不过是让你幸福的一种手段罢了。

Happiness

你还在执拗于过去的爱情和失败吗?
如果是那样，现在就放手吧。
无论是事业还是爱情，
重新精彩地来过。

让“爱自己”的温热融化情感的冰山
陪你获得爱情路上的温暖与勇气

[德] 爱娃－玛丽亚·楚尔霍斯特 著
许 洁 译

ISBN：978-7-229-01784-2
定 价：28.00元

婚姻危机、秘密情人、三角关系、亲子矛盾、出轨、性、激情、欲望、堕胎……

在这个快速消费的时代，我们已经习惯了消费，也习惯了丢弃，甚至我们的伴侣关系也被深深地打上快速消费的烙印：只要觉得不再适合自己了，就立即换一个新的——“我肯定还能找到更好的伴侣！”

欧洲最受信赖和欢迎的情感医师爱娃－玛丽亚·楚尔霍斯特，却通过在咨询中所接触到的上千个婚恋案例总结出：只要爱自己，和谁结婚都一样。你现在的伴侣就是最好的，绝大多数离异和分手都是可以避免的。

爱自己，你便可以从伴侣身上发现自己内心的弱点并让彼此都获得克服弱点的能力；

爱自己，你就能将婚姻变为医治精神伤痛的场所，让自己治愈自己并实现与伴侣间平和健康的沟通；

爱自己，你就能为孩子创造一个良好的成长环境，并通过自身树立的榜样告诉他们什么才是真正美好和睦的家庭。

爱自己，伴侣关系就是一段充满奇遇的冒险之旅
让自己温暖自己的情爱婚恋手册

在当今爱情快餐时代，濒临破碎的伴侣关系无处不在。我们总在寻寻觅觅中期待一个完美的爱人，却忘了要去爱自己。德国首席夫妻情爱专家楚尔霍斯特夫妇再续“爱自己，和谁结婚都一样”的传奇，带你回归最本质的需求，找回内心最真实的感觉和渴望。

请相信：只要你能将寻爱的触角从伴侣转向你自己的世界，诚实地接受自己，爱自己，随之而来的就一定会是更加美好的幸福伴侣生活。

爱自己，你就能收获爱的勇气，为自己的幸福负责，不再纠结，也不再难为自己，在爱的土壤中经历成长和蜕变。

爱自己，你就能满足自己的一切需要，从而真正去爱你的伴侣，让你的爱情绽放出绚烂的幸福花朵，结出饱满的甜蜜果实。

爱自己，你就能深入你的内在世界，获得内心的平静，用爱消融恐惧与隔阂，让你的婚姻迎来新的曙光。

[德] 爱娃－玛丽亚·楚尔霍斯特
沃尔夫拉姆·楚尔霍斯特 著
许 洁 译

ISBN：978-7-218-07561-7
定 价：29.80元

短信查询正版图书及中奖办法

A．电话查询

1．揭开防伪标签获取密码，用手机或座机拨打 4006608315；

2．听到语音提示后，输入标识物上的 20 位密码；

3．语言提示：您所购买的产品是中资海派商务管理（深圳）有限公司出品的正版图书。

B．手机短信查询方法（移动收费 0.2 元 / 次，联通收费 0.3 元 / 次）

1．揭开防伪标签，露出标签下 20 位密码，输入标识物上的 20 位密码，确认发送；

2．发送至 958879(8)08，得到版权信息。

C．互联网查询方法

1．揭开防伪标签，露出标签下 20 位密码；

2．登录 www.Nb315.com；

3．进入“查询服务”“防伪标查询”；

4．输入 20 位密码，得到版权信息。

中奖者请将 20 位密码以及中奖人姓名、身份证号码、电话、收件人地址和邮编 E-mail 至 szmiss@126.com，或传真至 0755-25970309。

一等奖：168.00 元人民币(现金)；
二等奖：图书一册；
三等奖：本公司图书 6 折优惠邮购资格。
再次谢谢您惠顾本公司产品。本活动解释权归本公司所有。

读者服务信箱

感谢的话

谢谢您购买本书！顺便提醒您如何使用 ihappy 书系：

- ◆ 全书先看一遍，对全书的内容留下概念 。
- ◆ 再看第二遍，用寻宝的方式，选择您关心的章节仔细地阅读，将“法宝”谨记于心。
- ◆ 将书中的方法与您现有的工作、生活作比较，再融合您的经验，理出您最适用的方法。
- ◆ 新方法的导入使用要有决心，事前做好计划及准备。
- ◆ 经常查阅本书，并与您的生活、工作相结合，自然有机会成为一个“成功者”。

<table>
<tr><td rowspan="8">优惠订购</td><td>订阅人</td><td></td><td>部门</td><td></td><td>单位名称</td><td colspan="2"></td></tr>
<tr><td>地址</td><td colspan="6"></td></tr>
<tr><td>电话</td><td colspan="3"></td><td>传真</td><td colspan="2"></td></tr>
<tr><td>电子邮箱</td><td></td><td>公司网址</td><td></td><td>邮编</td><td colspan="2"></td></tr>
<tr><td>订购书目</td><td colspan="6"></td></tr>
<tr><td rowspan="2">付款方式</td><td>邮局汇款</td><td colspan="5">中资海派商务管理（深圳）有限公司
中国深圳银湖路中国脑库 A 栋四楼　　邮编：518029</td></tr>
<tr><td>银行电汇
或 转 账</td><td colspan="5">户　名：中资海派商务管理（深圳）有限公司
开户行：招行深圳科苑支行
账　号：81 5781 4257 1000 1
交行太平洋卡户名：桂林　　卡号：6014 2836 3110 4770 8</td></tr>
<tr><td>附注</td><td colspan="6">1. 请将订阅单连同汇款单影印件传真或邮寄，以凭办理。
2. 订阅单请用正楷填写清楚，以便以最快方式送达。
3. 咨询热线：0755−25970306转158、168　　传　真：0755−25970309
E-mail: szmiss@126.com</td></tr>
</table>

→利用本订购单订购一律享受 9 折特价优惠。
→团购 30 本以上 8．5折优惠。